授業のビジョン

TEACH WITH A NEW VISION

新潟市立小針小学校教諭 小川雅裕

東洋館出版社

授業のビジョン

「教師は授業で勝負する」。教師をされている方ならば、どこかで耳にしたことがある言葉ではないでしょうか。正直、私は教師になった16年前からつい最近まで、授業のプロとしての自信をもつことができずにいました。そんな私が手応えをつかむことができたのは、「総合的な学習の時間」との出合いです。筋書きのない学びを子供と共につくり、同僚と研究を深めていく中で少しずつ授業への取り組み方が変わっていきました。決して、授業におけるアドリブ力を身に付けたわけではありません。子供にどんな力を身に付けてほしくて、そのためにどんな学習活動が必要なのかを徹底的に考え、イメージを明確にもった上で授業に臨む術を学んだのです。これなら私にもできると自信をもつことができるようになりました。

本書では、新学習指導要領を根拠にしながら総合的な学習の時間における実践をメインにして授業づくりのエッセンスを明らかにすることを試みています。それらは総合的な学習の時間だけに活用範囲が限定されるものではなく、全ての授業づくりにおいてヒントとなり得るものだと考えています。冒頭に、本書に出てくる単元4本の概要をまとめているので、そちらを参考にしながら読み進めていただけると幸いです。

CONTENTS

第1章

授業のビジョン

第2章

ゴールの明確化

第3章
プロセスの精緻化

第4章

教師のポリシー

（全70時間）第6学年　〔学習材：復興支援商品の開発〕

7月～9月　III 岩手と横浜のお菓子をつくろう！　（20時間）

活動① 復興支援の会についての調査から、岩手県の特産物やその特徴を調べる。
活動② 岩手県や横浜市のどの食材を使いどんな種類のお菓子を作るのか決定する。

町の特徴やつながりをお菓子で表現するという目的をもって地域の魅力を調査し、町がもつ魅力を見つめ直す。また、お菓子の特性を理解した上で、素材の素晴らしさや、それぞれの土地がもつ特徴や共通点について、捉え直す。

10月～11月　IV 岩手と横浜のお菓子を広めよう　（10時間）

活動① 地域のイベントや区民祭りで町の方々にお菓子の試食や販売を行う。
活動② お菓子を試食した方々のアンケート分析を行い、お菓子の改善につなげる。

お菓子を町の方々に食べていただき、感想をアンケートでいただく。自分たちのお菓子に対していただいたアンケートを客観的に分析することで、活動を支えてくださる方々の存在や、お菓子を通して岩手県と横浜市のつながりをつくっていくという目的に気付く。

12月～1月　V お菓子で岩手とつながろう！　（15時間）

活動① 岩手県の小学生との関わりから震災当時の岩手県の様子や今の様子を知る。
活動② 出来上がったお菓子を岩手県の方々や関わっている岩手県の小学校の仲間に食べてもらい、感想をもとに自分たちの活動の意味をもう一度考え直す。

お菓子を岩手県の方々に食べていただき、感想をいただく。その感想や岩手県の小学生との関わりから、岩手県の現状を知ったり、自分たちの活動を真剣に受け止めてくださる方々のあたたかさを感じ取ったりして、お菓子を通じて復興支援のために自分たちが本当にできることを考える。

2～3月　VI 岩手のためにできることは？　（10時間）

活動① 学習発表会で、自分たちが取り組んできた活動や岩手県の震災当時や現在の様子を町の方々に伝える。
活動② 自分たちの作ったお菓子の売り上げをもとにして、岩手県の小学校に、津波で枯れてしまった校庭の桜を植える活動に取り組み、震災への意識を風化させないためにこれからも自分たちにできることは何かを考える。

岩手県の小学校に桜を植える活動に取り組み、震災への意識を風化させないために自分たちにできることは何かを考える。また、岩手県の小学生が町を大事にしているように、戸部の地域の一員としてできることは何かを考え続けようとする。

単元1　「お菓子でつながれ！　横浜と岩手」

単元の構想

○子供の思い

小学校生活最後の総合的な学習の時間で、どんな活動に取り組みたいか話し合ったところ、「町の方々が笑顔になる活動にしたい」という意見が出た。町を調査すると、子供たちは地域にある飲食店を営みながら、岩手県の復興支援活動に関わっている方と出会った。そこで飲食店を営む方と関わり、自分たちも戸部の町と岩手の町をつなぐ活動に取り組んでみたいと考えた。

○教師の願い

戸部の町で飲食店を営む方と共に復興支援商品を開発することで、復興支援に関わる方々の思いを学ぶことができると考えた。また、復興支援商品をもとに岩手県の小学校と交流する際には、実際に震災を経験し、前向きに今を生きている小学生の思いを体験的に理解することができると考えた。

単元目標

横浜市や岩手県のよさをお菓子で表現し、それを広めていく活動を通して、復興支援に携わる方々の考え方や岩手県の小学6年生の前向きに生きようとする力強い姿を感じ取り、自分たちにできることは何かを考え、行動しようとする。

4月　Ⅰ私たちが戸部の町でできることは？　（5時間）

活動①　6年生の総合的な学習の時間でどんな活動に取り組みたいか話し合う。
活動②　町の方々が笑顔になる活動を見付けるために町での調査を行う。
活動③　集めた情報をもとに何ができるかを話し合い、これからの活動を考える。

町の調査を行っている過程で、戸部の町で岩手県の復興支援活動に関わる方と出会う。復興支援の会と関わりながら、戸部の町と岩手県のつながりをつくる活動に取り組みたいという思いをもつ。

5月～6月　Ⅱ「復興支援の会」の商品作りについて知ろう（10時間）

活動①　商品開発のために必要な活動を見通す。復興支援の会の活動やその商品を調査し、商品に込められた思いや素材へのこだわりについて話し合う。
活動②　今後の自分たちの活動に取り入れたいことをまとめ、活動計画を立てる。

復興支援の会の商品の味や素材、商品に込められた思いを調べる活動を通して、「作る人の思い」や「食材」を大切にしてもの作りをする必要があり、自分たちのお菓子作りにも生かしていこうという思いをもつ。

（全70時間）第5学年　〔学習材：商店街のポスター〕

商店街の会長にインタビューし、仕事への思い、商店街の将来への願いを知る。自分たちでポスターのデザインを考えるが、うまく表現できないことを経験し、デザインの専門家に表現の方法を教えてもらいたいという思いをもつ。

9月～10月　III 効果的なポスターの作り方を知ろう　（15時間）

活動① デザイン学校の先生にポスターの作り方を教わる。
活動② グループごとにデザインを改善して、より店のよさが伝わる表現方法を学ぶ。
活動③ 5パターンのポスターを作り、商店街の会長に1枚選んでもらう。

デザイン学校の先生から伝えたいことを表現するための知識や技術を学び、デザインの仕事の楽しさや奥深さを感じる。商店街の会長にポスターを1枚選んでもらい、その理由を聞くことで、作り手の努力の量や好みではなく、依頼者の意図に合致したものを作る大切さに気付く。

11月～12月　IV 商店街のお店のポスターを作ろう　（20時間）

活動① 商店街を調査し、ポスターを作るお店を決める。
活動② 5つのお店に絞り、グループに分かれ、それぞれのお店の特徴を調べる。
活動③ 集めた情報をもとに、お店の特徴を整理し、ポスターを作成する。

店主へのインタビューから、人柄やそのお店ならではの品物、サービス等の特徴を知り、この町で仕事を続けている方の思いや誇りを感じ取る。さらに、今回作ることができなかった他のお店のためにも、商店街全体のポスターを作り、町を明るくしたいという思いをもつ。

1月～3月　V 商店街全体の魅力を伝えよう　（15時間）

活動① 学習発表会でポスターを用いて地域の方々に商店街の魅力を伝える。
活動② 商店街全体をさらに明るくするために商店街全体のポスターを作る。
活動③ 完成したポスターを商店街の方々に渡し、感謝の思いを伝える。

地域の方々にどんな商店街になってほしいかを取材し、商店街全体のポスターで伝えたい内容を決定する。完成したポスターを店主さんたちに渡し、反応を分析することで、ポスターを作ったことがゴールではなく、地域の一員としてできることを考えていく必要があることに気付く。

単元2　「笑顔広がれ！　とべまちポスター」

単元の構想

○子供の思い

総合的な学習の時間でどんな活動をしたいかについて話し合うと、「町の人と深く関わり、本当に役に立つ活動にしたい」という強い思いをもっていることが分かった。町を調査すると、商店街の人通りが少なくなってきていることや後継者がいないことが分かった。そこで、各店舗のポスターを作って特徴をPRし、多くの人が行き交う元気な戸部の町にしたいと考えた。

○教師の願い

商店街の方々に取材を繰り返し行うことで、商店街で堅実にお店を営む人たちの努力や思い、町の活性化を目指す活動をしている人たちの思いを子供たちが深く感じ取ることができると考えた。また、ポスターを制作する際には、デザイン学校の先生と関わりながら、キャッチコピーや写真で表現する技術を学ぶことができると考えた。

単元目標

戸部の町の商店街の特徴をポスターで発信する活動を通して、商店街の活性化に尽力する方々の思いを知り、地域の一員として町が活性化していくために自分にできることを考え、行動しようとする。

5月　Ⅰ 私たちが戸部の町でできることは？　（10時間）

活動① 5年生の総合的な学習の時間を通してどんな自分になりたいかを話し合う。
活動② 戸部の町のためにできることを見付けるため町の方々にインタビューする。
活動③ 集めた情報をもとに何ができるかを話し合い、これからの活動を考える。

町の方々へのインタビューから、商店街が抱える問題に気付く。自分たちが住む町を明るくするために、ポスターで商店街を宣伝する活動に取り組みたいという思いをもつ。

6月～7月　Ⅱ お店のポスターを作ってみよう　（10時間）

活動① 商店街の会長のお店のポスターを作るため、店主へのインタビューを行う。
活動② 5つのグループに分かれ、キャッチコピーやデザインを考える。

（全70時間）第5学年　〔学習材：地域PR動画〕

活動① 地域PR動画作成に必要なこと・もの等を調べて、活動の見通しを立てる。
活動② 映像ディレクターの方に動画の特徴や作り方を教わり、学んだことを整理する。

映像ディレクターの方との関わりから地域PR動画の特徴や、動画を作成する上で大切にすべきポイントを理解した上で、これからの活動の見通しをもつ。

9月～10月　III とべまちPRムービーで発信したい戸部の町の特徴は？　（17時間）

活動① 戸部の町の方々や町並み、公園の様子の取材をする。
活動② 取材で集めた情報を整理し、伝える内容を決める。

戸部の町の方々にインタビューをしたり、実際に町の商店街や公園の様子を調査したりする活動を通して、この町でこれまで長く愛されてきた商店街や公園等の特徴を理解し、それらを大切に守ってきた方々の思いや誇りを感じ取る。

11月～12月　IV とべまちPRムービーを撮影しよう　（19時間）

活動① 伝えるべきテーマ別に4つのチームをつくり、役割分担をする。
活動② 「商店街」「町並み」「掃部山」「あいさつ」に分かれて撮影を行う。

戸部の町「ならでは」の特徴を映像に表現していく際に、映像ディレクターの方に相談し、助言をいただくことで、ディレクターの方の地域PR動画に関する知識や撮影や編集の技術、仕事に対する真摯な態度を感じ取る。

1月～3月　V とべまちPRムービーで戸部のよさを伝えよう　（14時間）

活動① 学習発表会で地域PR動画を用いて地域の方々に町の魅力を伝える。
活動② 公共施設における地域PR動画の上映の交渉を行い、多くの方々にPR動画を見ていただく。
活動③ 地域PR動画を視聴していただいた方々の反応やアンケートを分析し、自分たちの活動の意味や価値を考える。

戸部の町を対象に取材を行い、撮影・編集して完成した地域PR動画を多くの方々に見ていただき、視聴した方々の反応を分析する。分析した結果から、地域活性化を目指す活動の意味や価値、自分たちの活動を支えてくださった地域の方々のあたたかさを感じ取る。

単元3　「とべまちPRムービー」

単元の構想

◯子供の思い

どんな活動をしたいかについて話し合うと、「この町のよいところを知ってほしい」という思いをもっていることが分かった。町を調査すると、町には魅力がたくさんあるのに知られていないことが分かってきた。ガイドブックやマップ等の様々なPRの方法を考え、比較した結果、子供たちは「地域PR動画で戸部の町のよさを知ってもらいたい」と思いを高めていった。

◯教師の願い

子供たちが地域の取材を行うことで、戸部の町がもつ歴史や下町と言われる町の様子に気付いたり、町の活性化を目指して活動している方の思いを深く感じとったりすることができると考えた。また、映像製作会社の方との関わりを通して、町の方々の語る内容や町の風景を通して伝えたい内容を映像で表現する技術を学ぶことができると考えた。

単元目標

戸部の町の特徴を地域PR動画で発信する活動を通して、人と人とのつながりを大切にしている町の方々の思いを知り、地域の一員として戸部の町のよさを広め、町が活性化していくために自分にできることを考え、行動しようとする。

5月　Ⅰ 私たちが戸部の町でできることは？　（10 時間）

活動① 5年生の総合的な学習の時間を通してどんな自分になりたいかを話し合う。
活動② 戸部の町のために自分たちにできることを見付けるために、町探検を行う。
活動③ 戸部の町を元気するための方法の可能性を話し合う。

町の方々へのインタビューをする経験を通して、戸部の町が抱える問題に気付く。町の方々への取材をもとに戸部の町を明るく元気にするためにできることについて話し合う活動を通して、地域PR動画で町を明るくする活動に取り組みたいという思いをもつ。

6月～7月　Ⅱ 地域 PR 動画ってどうやって作るのだろう（10 時間）

（全70時間）第3学年　〔学習材:新潟市産の野菜〕

枝豆の魅力を広めるために、自分たちで枝豆のことを調べたり、育てたり、味わったりすることで地域の農産物がもつ魅力や農家の方々の知恵や努力に気付く。

9月～10月　III 枝豆の魅力を伝えよう　（13時間）

活動① 収穫した枝豆を味わい、なぜおいしく育ったのか分析する。
活動② 枝豆をおいしく調理することができる方法を調べ、それぞれの方法を手軽さ、おいしさという条件で比較する。
活動③ 枝豆を栽培し、食べた経験から分かった枝豆の魅力をまとめ、JAの方に聞いていただく。JAの方からいただいた感想をもとに、次の活動を考える。

収穫した枝豆を味わい、なぜおいしく育ったのかを分析し、地域の農家の方が苗をくださったことや、育て方を教えてくださったことに気付く。また、JAの方のお話を聞き、枝豆の魅力を伝える活動から新潟市の野菜の魅力を伝える方向へと活動を広げていくことの価値に気付く。

11月～12月　IV 新潟市の野菜の魅力を調べよう　（15時間）

活動① 新潟市の野菜の魅力を広める活動において活動の種類と順序を考える。
活動② 野菜の魅力を知るために、農家の方にお話を聞いたり、味わったりする。
活動③ 一人一人がPRする野菜を決定する。

新潟市産の野菜を味わったり、野菜を収穫したり、農家の方からお話をうかがった経験から、魅力的な地元の野菜が豊富にあることに気付く。

1月～3月　V 新潟野菜のおいしさを広めよう　（20時間）

活動① どんな方法で新潟市の野菜の魅力を伝えるか決定する。
活動② デザイン学校の先生に教わりながら、ポスターを作成する。
活動③ 学習発表会や新潟中央市場でポスターを用いて、新潟野菜のおいしさを伝える。見ていただいた方々のアンケートや反応をもとに、これまでの活動を振り返る。

デザイン学校の先生から助言をいただきながら、ポスターを作成することで、先生のデザインに関する知恵や技術、仕事に対する真摯な態度を感じ取る。また、ポスターを地域や保護者の方に見ていただき、その反応をもとに自分たちの活動の意味や価値を振り返る。自分たちの地域には特産物があること、またそれを大切に育てる方がいることに気付き、町のために自分ができることを続けていこうという思いを高める。

単元4　「新潟野菜のおいしさ広め隊」

単元の構想

◯子供の思い

総合的な学習の時間について話し合うと「町の役に立つことをする」ことで、学びがありそうなことが分かってきた。そこで、町の方に取材すると、小針の町には田や畑があり、枝豆を栽培していることが分かった。農家の方の話を聞くと、「小針の枝豆が知られていないこと」が分かった。そこで、「枝豆の魅力を町の方々に広めたい」と思いを高めていった。

◯教師の願い

子供たちが枝豆のことを調べたり、農産物を栽培している農家の方に繰り返し取材を行ったりすることで、農業に携わる方の思いを深く感じ取ることができると考えた。また、農産物の魅力をポスターで表現する際には、デザイン学校の先生と関わりながら、限られた紙面上で言葉や絵で表す技術を学ぶことができると考えた。

単元目標

小針の町で農産物を育てる農家の方と関わったり、枝豆を育てたりする活動を通して、地域の農業の活性化に尽力する方々の思いを知り、地域の一員として町を活性化していくために自分にできることを考え、行動しようとする。

5月　Ⅰ 私たちが小針の町でできることはなんだろう？（10時間）

活動① 映像資料をもとにして総合的な学習の時間の学び方を知る。
活動② 小針の町のためにできることを見付けるために町の調査を行う。
活動③ 集めた情報をもとに何ができるかを話し合い、これからの活動を考える。

町探検から、小針で枝豆作りを営んでいる方々がいることに気付く。町を明るくするために、小針の農産物である枝豆のよさを広める活動に取り組みたいという思いをもつ。

6月～7月　Ⅱ 枝豆の魅力を見付けよう　（12時間）

活動① 枝豆の魅力を広める活動で何をすべきか、活動の種類とその順序を考える。
活動② 枝豆の魅力を知るために、枝豆について資料で調べたり、農家の方にお話を聞いたり、実際に枝豆を味わったりする。
活動③ JAの方から栽培の仕方を教わりながら、継続的に枝豆を育てる。

第１章

授業のビジョン

あまりにも未知な世界を前に、

私たちはどこへ行きたいのか？

それから、どう歩きたいのか。

毎日、この胸に問いかける。

子供観と授業観をアップデートせよ

1 教師という存在

教師って、すごく不自然な存在だと思いませんか。

子供と教師は、師匠と弟子の関係ではありません。師匠と弟子の関係ならば、弟子には教えてほしい技術や知識があり、師匠に弟子入りをしています。一方で、子供たちは、本人の意思にかかわらず、必ずしも知りたいと思わないことも教師から教わります。

しまいには、教師は自分の計画に沿った内容を教えておいて、「質問がある人?」と質問を求めたり、「授業というのは意見を活発に言う場所なんだよ」なんて、言ったりしてしまうんですから、子供にとっては授業がよく分からない時間になってしまうのだと思います。子供の中には、「先生が勝手に話しだしたのに、何でそれに対して質問しない私たちが叱られなければならないんだろう」と感じている子もいることでしょう。

また、教師は「気付かせたいのに教えたい」という葛藤を常に抱いています。「できる限り子供たちに主体的に学んでほしい、そして自分から学びたい内容を学び、価値あることに気付いてほしい。だけど、教えなければならない内容もある」。常にこの葛藤と戦っていると言っても過言ではありません。

教師という存在が矛盾しているものだということをしっかりと自覚した上で、その指導観の転換を図っていく必要があるのだと思います。

すごくざっくりとしたイメージですが、「教師が一方的に話し、黒板に書いたことを子供たちが写し取る授業」から、「子供と教師で共に設定した課題を追究し、横の対話で子供が気付く授業」へと意識を変えていく必要があるのだと思います。

例えば、理科で磁石の性質を調べる学習をする際に、教師がいきなり磁石を持ち出し、実験の順番を示して、子供たちがそれに従っていくような授業は、前者に相当します。

一方、子供たちの生活経験を足場にして、まずは磁石について日常生活での経験から知っていることや体験したことを挙げてもらいます。その上で、子供たちが経験からそうに違いないと思っている磁石の性質が本当なのかを調べていくという学習計画を立てます。これだけでも、子供たちは自分たちで学びをコントロールしているという感覚を得ることができるでしょう。

私は担任したクラスの子供たちに、学年に合わせて次のようなポリシーを学級がスタートした段階で伝えるようにしています。

○先生とは、決してみんなに答えを伝えていく存在ではないこと。問題を解決する方法を一緒に考えていく存在であること。クラスで決めたことをやりやすいように応援していく立場であること。
○先生とは、先に生きている人だということ。だからこそ、経験を生かしてこのまま学習活動が進んでいくと、経験する必要のない失敗をしてしまうことが明らかに見えている場合には、事前に伝えること。

学び方は伝えるけれど、決して答えを明示する存在ではないということを明言するわけです。

また、次のことも併せて伝えるようにします。

○みんなの話し合いを進行する役割もあるけれど、一緒に問題を解決している仲間であること。だから、一緒に悩むこと。
○授業では、先生も自分の考えを発言すること。だけど、その発言はみんなの発言と同じように一つの意見として公平に扱ってもらいたいこと。

これらは、教師の役割、立ち位置を子供に理解してもらう際に伝えている内容です。教師は、ファシリテーターとしての役割とともに、協働していく仲間であるという認識を子供にもってもらうようにします。

学級によっては、教師が意見を発言した際に、その妥当性を検討せずに無条件に子供たちが受け入れてしまう集団になってしまっているところもあるかもしれません。さらには、教師が話しだすと黙ってしまう学級も見たことがあります。こちらに関しては、受け入れているのか、拒絶しているのか分からないため、より厳しい状況に陥ってしまっていると言わざるを得ません。

先ほどのように、学びを共につくる「仲間」なんだという意識をもつことで、授業では教師は参加者としての立場で自由に考えを伝えられるようになります。そうすると、明らかに適切ではない方向に向かってしまいそうになった場合に、ちゃんと理由を付けて考えを伝えることができるようになるわけです。

教師の意見に対して、子供たちが意見を当たり前に言える学級はとても健全だとは思いませんか。

2 本当の答えは子供たちの中にある

「先生は、この答え分かってるんでしょ。だったら、最初から言ってくれればいいのに」

教師になりたての頃、算数の時間に私が子供から言われた言葉です。

そのときの私の授業は、勇気を出して発言した子供の考えの良し悪しを私が口頭で伝えたり、黒板に○×を書いたりすることで、結局のところ、教師である私が子供の考えの是非をただジャッジするような流れになっていたのだと思います。そのような授業の連続によって、子供たちが授業とは、教師から知識を教わるのみのものだと体得してしまえば、教師がほしがっている答えを探し出すことが学びだと思ってしまうのかもしれません。

資料を集めるとか、何かを決めるとか、自分たちでできる限りのことはやってみたいです。先生には、外との連絡をとってもらいたいと思います。できるだけ、自分たちの力でなんとかしたいけど、足りない部分は先生に助けてもらいたいです。

総合的な学習の時間で活動計画を立てているときの言葉です。この言葉を聞いたとき、私はとても嬉しく、成長の確かな手応えを感じました。

この発言から、子供たちが自分たちで問題を解決したいと強く願っていることが分かります。自分たちで、学習の流れさえもコントロールしている姿と言ってもよいでしょう。自分たちにできること、できないことを自覚しているからこそ、共に問題解決をしている教師の力も借りながら学びをつくっていこうとしていることがうかがえます。

次の言葉は、勤務校において、総合的な学習の時間の活動も終盤に差しかかり、一年を終えようとしているときの子供の発言です。

なんか、またワクワクしてきた。先生、ぼくたち、いい勉強しているよね。もう一年が終わりなんだけど、また新しい問題が見えてきた。この問題もすっごく難しそうだな。取り組んでみたいな。みんなで頑張ったら、きっと解決できる気がするんだよね。来年もこのクラスで総合の続きやりたいなぁ。

この発言から、自分たちで学びをつくってきたという自負を感じ取ることができます。主役は自分たちであること。決して、教師がもっている答えを探す存在だなんて微塵も感じていないことが分かります。

子供たちと教師が本当の意味で協働していった結果、子供たちは自分たちで学びをつくっているんだという手応えを得ることができます。問題解決の主人公は自分たちで、教師は自分たちを助けてくれる存在なんだと認識していきます。

自分たちの話し合いをファシリテートしてくれる存在であり、問題解決する仲間でもある、ときには壁となり立ちはだかることもある。教師がそういう存在だと、子供が了解していることは、これからの学びに欠かせない子供たちの感覚だと考えています。

ここで、振り返りの一文を紹介したいと思います。

桜を植えるプロジェクトに挑戦するためには、いろいろなことを乗り越えなければならないと思う。でも、その挑戦が今年の総合ではものすごく大切なことだと思う。学習発表会の準備と同時にやっていくことはすごく大変なことだけど、六年一組はいろいろなことを乗り越えてきたからこそ、桜を植えるというチャンスがやってきたと思う。桜のプロジェクトをやるかどうか、迷ったところもあったけれど、みんなでちゃんと話し合うことができたから、桜を植えるということの大切さが分かって、一つの答えが出たんだと思う。みんなが発言して、考えることができて本当によかった。

この振り返りは、本当の意味での復興支援について考え始めた子供たちが、お金を送ることではなく桜の苗木を送ることの是非について話し合った後に書かれたものです【単元1参照】。学びとは、みんなが本気で話し合い、結論を出し、何か新しい知識や概念を得るものであることが実感として表現されています。対話によって新たな知識や概念が形成されていくことを子供たちが実感していく経験が重要です。

学ぶのは自分たちだと知っていること。

物事を決めるのは自分たちであること。

本当の答えは自分たちの中にあるということ。


子供たち自身が、これらを実感できる学びをつくることが重要だと思うのです。

3 新学習指導要領のリアル

みなさんは新学習指導要領を読まれて、どんなことを感じたでしょうか。私の周りでは、次のような声が上がっています。

「なんだかよく分からないけど、難しそう」

「これまでとどこが変わったの？」

「資質・能力って、何だ？」

「主体的・対話的で深い学びってどんな学びなんだろう？」

「授業の何かは、変える必要があると思うのだけど……」

新学習指導要領が告示され、小学校においては移行期間中である今、子供たちと日々授業をつくっている先生方の多くが、この時期に何かを変える必要があるのではないか、という焦りに似た感覚をもっていることと思います。

では、具体的に何をすべきなのでしょうか？

私自身も一教師として、これまでの授業実践をもとに、「何を生かし、何を新しく取り入れていくべきなのか」日々もがいて、その答えを探している最中です。

しかし、その中でも確実に分かっていることがあります。それは、**新学習指導要領を読み込み、具体的な学習過程のイメージをもつこと**です。ごく当たり前のことですが、学校現場で子供たちの目の前に立つ私たち教師自身が、まず新学習指導要領をしっかりと読むことが大切なのです。

そんなことは言わずとも明らかなことですが、目の前の授業に追われている私たち教師にとって、相当な必要感がないと、じっくりと読み込む余裕がないこともまた事実です。

「読まなければならないことは分かっているけれど、読む時間がない」という声が聞こえてきそうです。

教育現場で求められているのは、理論に基づいた実際の教育活動であり、実践です。

「明日の授業をどう展開すべきか？」

ここに作用するより具体的な話を聞きたい、というのが現場の声だと思います。私は、これまでの実践を価値付けたい、これからの授業づくりのヒントを見付けたいという一心で新学習指導要領と向き合いました。二〇一六年一二月二一日の中央教育審議会答申「幼稚園、小学校、中学校、高等学校及び特別支援学校の学習指導要領等の改善及び必要な方策等について」（以下、「答申」）を併せ読みながら、何とか自分なりに解釈していく過程で、見えてきたことがあります。

それは、どうやら私たち教師は、「子供や授業にまつわるイメージをアップデートする必要があるのではないか」ということです。

4　子供観と授業観をアップデートせよ

子供や授業にまつわること。それは、「答申」の言葉を用いるならば、「資質・能力の育成」と「学習過程の質的改善」の二つの切り口だと言えます。しかし、「資質・能力の育成」や「学習過程の質的改善」という言葉だけでは、イメージしにくいように思います。では、普段私たち教師が学校現場で使っている言葉で表現するとどうなるのでしょうか。

「資質・能力の育成」とは、教育活動を通して子供にどんな姿に育ってほしいと願っているのか、という具体的な育成を目指す子供の姿に関わること、すなわち「子供観」と密接であると言えるでしょう。

また、「学習過程の質的改善」とは、授業をどのように設計し、望ましい方向に展開していくのかという具体的な授業改善に関わること、すなわち「授業観」と密接であると言うことができると考えています。

すなわち、これからの教育のためには私たちの**「子供観」と「授業観」を更新していくことが重要である**と言い換えることができるわけです。

では、なぜそれらを更新していく必要があるのでしょう。この理由こそが、新学習指導要領の中心のメッセージに関わるのです。

5　資質・能力の育成とは

(1)　子供はとっくに先を歩いている

新学習指導要領及びその参考文献等から見えてくることとして、今回の学習指導要領の改訂の中心のメッセージをあえて一言でまとめるなら、**「資質・能力の育成を基盤とした学力観への転換」**だと言えそうです。

「答申」では、資質・能力が重視されるようになった背景として、グローバル化による社会の多様性や、情報化や技術革新による生活の質的な変化が挙げられています。

実際に、子供たちは私たちの想像をはるかに上回るほど、情報に関わる端末の操作に慣れ親しんでいます。

自分たちが生活する地域の特徴を映像にして発信していこう、という総合的な学習の時間での出来事です【単元3参照】。タブレット端末を用いて動画を撮影し、集めた動画を編集する活動で、当初、私はタブレットや編集ソフトの使い方を子供にしっかりと教えてから、撮影や編集を行おうと計画を立てていました。

しかし、結果的には全くと言ってよいほど、私から子供に操作について教える必要はありませんでした。動画の撮影方法、エフェクトのかけ方、動画のつなぎ方等、子供たちが互いに教え合いながら、圧倒的に短い時間で作業を終わらせてしまったのです。むしろ、私自身が知らなかった編集技術を子供たちから教わったほどです。おかげで、子供たちの主張が視聴者に伝わる構成になっているのか、ということを話し合う時間を多くとることができました。

生まれたときから多くの情報が身の回りに溢れていて、ごく自然にＡＩ技術が搭載された端末やインターネット等の操作方法も自然と身に付けてきている子供たちなのです。当たり前に情報化が進み、生活が急速に変化する社会では、子供たちに求められる力も当然変化していきます。さらに、求められる力の変化に伴い、子供たちの成長を支える教育の在り方も当然それに合うように変わっていかなければならないのです。

子供たちが未来でよりよい人生と社会を築いていくために求められる力は何か？　この問いへの一つの答えが、資質・能力を基盤とした教育を行うということなのでしょう。

（2）具体的活動の姿で語る

具体的に子供たちが活動する姿でイメージしようとすると少し複雑で捉えにくく感じてしまう資質・能力の考え方を、今回の新学習指導要領では、以下の「三つの柱」に整理しています（「答申」二八－三〇ページより引用）。

①「何を理解しているか、何ができるか（生きて働く「知識・技能」の習得）」
②「理解していること・できることをどう使うか（未知の状況にも対応できる「思考力・判断力・表現力等」の育成）」
③「どのように社会・世界と関わり、よりよい人生を送るか（学びを人生や社会に生かそうとする「学びに向かう力・人間性等」の涵《かん》養）」

さらに、図1のように、三つの柱の関わりが図式化されることで、それぞれが独立して存在するのではなく、互いに深く関わり合い、作用し合っているイメージをもつことができるようになりました。

図1　育成を目指す資質・能力の3つの柱

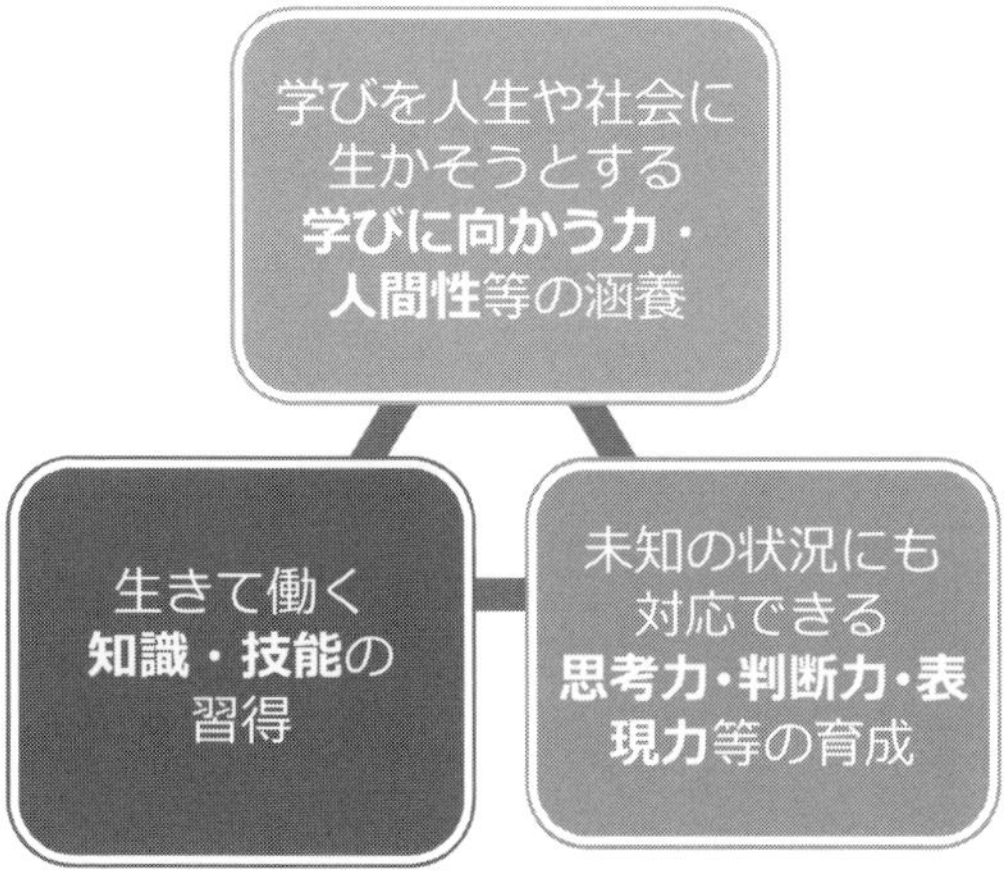

資質・能力は相互に関連しており、例えば、習得・活用・探究のプロセスにおいては、習得された知識・技能が思考・判断・表現において活用されるという一方通行の関係ではなく、思考・判断・表現を経て知識・技能が生きて働くものとして習得されたり、思考・判断・表現の中で知識・技能が更新されたりすることなども含む。

「答申」補足資料内「資質･能力の育成と主体的･対話的で深い学び（「アクティブ･ラーニング」の視点）の関係（イメージ）」2016年12月21日より一部抜粋）

しかし、イメージはなんとなくつかめても、やはり、目の前の子供の姿として捉えることができなければ、私たち現場の教師には、あまり意味がありません。

そこで私はズバリ、資質・能力とは、**「未知の問題を解決することができる力」**であると考えるようにしました。

問題解決の場面を想起することで、具体的にどのような資質・能力が必要となるかを場面に応じて洗い出すことが可能になります。

例えば、次のとおりです。

○課題を設定する場面：
　これからの活動を見通し、課題を解決するためにはどのようなこと・ものが必要か、活動を想定し、順序を決定する力
○まとめたり、表現したりする場面：
　学級の友達と役割分担をして、互いの意見に折り合いを付けながら協働的に活動する力

これらは一例にすぎませんが、問題解決の場面での子供たちの具体的な活動の姿をイ

メージすることで、複雑な資質・能力を理解し、捉えやすくなります。

（3）あの頃の勉強は役立っているか

資質・能力を基盤とした教育において特筆すべきは、学ぶ意欲や人間関係を形成する能力も学力と捉えて、育んでいこうというスタンスです。しかし、これらを深く理解し、実際の授業に落とし込んでいくことは容易なことではないのかもしれません。それは、私たちのような今の教師の世代がイメージしやすい「学習」や「学力」から、その意味をさらに拡張していく営みであるからです。

奈須正裕教授は、著書『「資質・能力」と学びのメカニズム』（東洋館出版社、二〇一七年）六二－六三ページで以下のように述べています。

> （前略）だからこそ、領域固有知識の教授と習得状況の確認が学校と教師にとって最大の関心事であり、力の入れどころでもあり続けてきたのです。
> （中略）
> このことは、内容中心の教育がその背後に大いなる学習の転移（transfer）を暗黙裏に想

定していたことを意味します。しかし、心理学は一九七〇年代までに転移はそう簡単には起きないし、その範囲も限定的であることを実証してしまいました。ここに、内容中心の教育が頼りとしていた論理は、その前提からもろくも崩れ去るのです。

決してこれまで行われてきた学校教育そのものが否定されるわけではなく、以前から問題解決ができる人材を育てようとしてきたことに変わりありません。しかし、領域固有知識の教授中心の教育によって一定量の知識を子供が習得することで、その後に優れた問題解決を成し遂げるといった「学習の転移」は約束されないことが明らかになっています。どうやら私たちが「学力」だと信じて疑わなかったものは、必ずしも未知の場面で役に立ってくれるものではなかったようです。

私たちがこれまでの「学力」の大まかなイメージを思い浮かべることは、簡単です。自分自身が通過してきたテストや受験勉強をイメージすればいいのでしょう。

私自身は、定期テストや受験のために英単語をノートに繰り返し書いたり、歴史の年表とにらめっこしたりして、教わった事実を一生懸命に覚える学習を積み重ねてきたタイプの人間です。たくさん単語が書かれたノートが積み重なっていくことに充実感や安心感を感じていました。みなさんも、少なからず知識の量を増やすことのみを目的とした学習の経験はあると思います。私たちが学生時代に受けてきた教育、さらにそれを評価する高校入試や大学入試は、覚えた知識の量を問う形式のものがほとんどだったのかもしれません。教科書や参考書から学んだ知識を反復によって定着させ、それを正確に再生する力が求められる傾向があったのです。

つまり、多くの知識を覚えている子供、それをテストで再現できる子供が評価されてきました。知識の量も確かにある程度必要です。しかし、それらの限定された場面で獲得した知識が、その場面以外で力を発揮しにくいことは、実感として思い当たる部分があるのではないでしょうか。

一例ですが、私が教師になって痛感したのは、職員とコミュニケーションをとりながらチームで仕事をしていくこと、新たな知識や技術を得てそれを担任する学級や校務分掌にフィットさせて活用していくこと、自分の課題を見付け、学び成長していくことなど、私が大量に暗記してきた知識だけでは到底対応できないことばかりでした。

加速度的に多様化していく社会の中で、教育の議論は着実に、知識の量を表すような学力のイメージから、「未知の問題を解決することができる力」を育む方向へとシフトしています。

6　教師のミッション

「何を知っているか」から、「何ができるようになるか」というキーワードは、新学習指導要領を読み解く上での大切な手がかりとなります。

そして、何ができるようになってほしいかというと三四ページで述べたとおり、「未知の問題を解決すること」ができるようになってほしい。その問題解決の姿を**どれだけ具体的にイメージできるかが、私たち教師に課せられた重大なミッションである**と言っても過言ではありません。具体的な姿をイメージすることは、単元における「資質・能力」を設定することにつながります。

新たにイメージする子供観は、資質・能力を豊かに身に付けた子供でなければいけません。この圧倒的なゴールを明確にすることで、ゴールまでの道筋までもクリアにできる可能性が見えてきます。ゴールが見えれば、そのゴールにたどりつくまでの戦略を練ることができるようになります。逆を言えば、ゴールが定まっていなければ、道筋を描くことすらできません。ですから、何ができるようになるかを子供の姿として明確に思い描くこと、言い換えれば「資質・能力」を明確に設定することが重要なのです。

そして、ゴールの姿である子供観がアップデートされたのなら、当然ゴールにたどりつくまでの道のりは変わるはずです。**子供たちが自然に資質・能力を身に付けることができるような学習活動を思い描くことこそがこれからの授業観**と言えます。

授業のビジョンをもつ

1　鵜飼いのような授業

思い返せば、私が自分自身の授業を見直す必要があると感じ始めたのは、今から一〇年ほど前のことでした。

私が、初めて総合的な学習の時間の研究授業を行ったときのこと。授業を見てくださった学校の先輩が、こんなことを言うのです。

「小川さんの授業は鵜《う》飼いのようだね。子供たちが鵜になってしまっているよ」

その言葉の真意は、手綱を持つように私が子供たちを意図的にコントロールしている、ということなのでしょう。教師が子供たちに言ってほしいことや行ってほしい行動を暗に促してしまっているという指摘でした。

今考えると、主体的に子供たちが話し合う姿とは真逆の授業になっていたのだと思います。この出来事をきっかけに、私は自分の発話数をできるだけ減らし、子供たち自身で話し合いを練り上げていく授業を目指すようになりました。

さらにその数年後。多くの子供たちが挙手をして話し合う授業は展開できるようになってきました。学級としての質という面から見ても、まとまりのある学級をつくることができるようになり、学級や授業について少し自信をもつことができるようになりました。

しかし、その年の研究授業で総合的な学習の時間を専門とされている参観者の先生から、こんな言葉をいただくことになります。

「なんか惜しいんだよね。授業の勢いはあるんだけどね」

「もう少しで深いところへ、行くことができるんだけどね」

どうやら、私の授業は惜しいらしいのです。一体、何がどのように惜しいのか分からなかった私は、その指摘をしていただいた先生の授業を見に行ってみることにしました。

すると、目の前には驚きの授業が展開されていました。

「今日は、みんなは何について話し合いたいですか?」

「どのくらいグループで考える時間が必要ですか？」

「それぞれのメリットとデメリットがみんなの発言から見えてきたね。では、今日みんなで話し合うテーマがそろそろ見えてきたかな？」

そこには、教師が徹底的に子供に寄り添う姿がありました。そして、私の授業との決定的な違いは、**教師が授業を適切にコントロールすることで論点が絞られていく**、という根本的な授業デザインそのものでした。

子供たちに単に話し合いをさせるのではなく、教師が出るべきところでしっかりと発言することにより、子供たちの議論が深まり、内容が焦点化されていきました。

秘密は一体どこにあるのだろう？　タダで帰るわけにはいきません。何とかヒントを得たい私は、授業後に先生の話をうかがいました。すると、この理想の授業を成り立たせているポイントが見えてきました。

その一つは、**考え得る限りのパターンを想定して授業を行っていたということ**です。「こういう話題が出たら、取り上げて全体化しよう」「もしも、違う方向に話し合いが進んだら、この資料を出してみよう」というように、決して行き当たりばったりの授業展開などではありません。学習過程のプロセスを精緻に思い描くことができているので、子供に授業を任せつつも、教師が適切に話し合いを整理して、論点が焦点化されているのだという仕組みに気付きました。

また、指導案を読み返してみると、単元や授業を通して育てたい子供の姿が、**実際の授業に参加する姿や単元を学び終えた子供の姿として、しっかりと明文化されていることに**気付きました。子供の姿として明確なゴール設定がなされていることによって、授業の進むべき方向がブレないことや、子供たちの発言を価値付けつつ、適切な方向へ導いていくことが可能となっているのだと感じました。

「ゴールの明確化」と**「プロセスの精緻化」**が併せて実現されることにより、子供たちが主体的に学びつつも、教師が願う子供の姿に行き着くような授業を展開することが実現される可能性がはっきりと見えてきました。

みんなで勢いよく一生懸命に話している姿が表出するように授業展開をイメージすればよいと思っていた私が、ゴールを明確に設定した上で、ゴールまでの道のりを精緻に思い描く授業へと、「授業のビジョン」を書き換えていく旅が始まりました。

2　授業のビジョン

「ビジョン」という言葉については、「ビジョンを明確にもつ」とか「将来のビジョン」などという場面で使われることが多いように思います。日本語では、「将来の見通し」「展望」「構想」に当たります。

「授業のビジョン」と言うと、授業展開を想像される方も多いかもしれません。しかし、授業展開だけでは、ビジョンとして不十分です。教師も子供もゴールを明確にイメージできていない学習は、「それっぽい」学習を行っているように見えていても、活動と目的が結び付いていません。結果、四五分を終えた後に何も残らない学習になっていることが多いのです。

私が日々意識している「授業のビジョン」という考え方は、**「どんな学習活動を通して、未来にどんな子供たちを育てたいのか」**について、教育活動の展望を明確にもつことです。

繰り返しになりますが、「授業のビジョン」とは、**「ゴールの明確化」「プロセスの精緻化」の両方**を行うことを意味します。

この二つが高いレベルで共存することで、子供の議論にとことん付き合いながらも、教師は適切に指導性を発揮することが可能となるというわけです。

3 新たなるビジョンへ

授業のゴールの設定を誤れば、そこにたどりつくまでのプロセスも望ましい学習過程とはかけ離れたものになってしまうことは想像に難くありません。

先述のとおり、これまでは知識を豊富に所有し、それをペーパーテスト等で再現できることに価値を置いてきた面が大きかったかもしれません。たくさんの知識を覚え、それを正確に再現できる子供の育成をゴールに設定したのなら、そこにたどりつくための道のりはどうなるでしょうか。きっと、繰り返しや反復による知識の定着によりウェイトを置いた学習になるでしょう。このような学習は、教師主導であっても問題なく遂行され、学習者がどれだけ知識を効率的に吸収できるかに主眼が置かれます。

ここから、「学力」への捉えを拡張し、資質・能力を基盤とした教育へと向かうことが必要なのは言うまでもありません。

資質・能力を育成することをゴールに設定した場合、ゴールにたどりつくためにはどのような道のりを歩めばよいのでしょうか。間違いなく、教師主導の教え込みの授業では、ゴールにたどりつけそうにはありません。

資質・能力に支えられたゴール&プロセス、つまり授業の新たなるビジョンを成り立たせる大きな手がかりとなるのが「主体的・対話的で深い学び」です。その具現化については、第三章で詳しく述べていきたいと思います。

4 「資質・能力」と「主体的・対話的で深い学び」

「ゴールの明確化」「プロセスの精緻化」は新学習指導要領における「資質・能力の設定」「主体的・対話的で深い学び」の視点からの授業改善とそのまま重なるでしょう。

つまり、育成を目指す「資質・能力」を設定するという行為は、どんな子供に育ってほしいのか明確にゴールを設定することと同義です。

また、設定したゴールにたどりつくまでの学習のプロセスが実際に資質・能力が身に付くような適切なプロセスとなり得ているのかを**チェックしたり、改善したりする視点**が、

図2 「授業のビジョン」のイメージ図

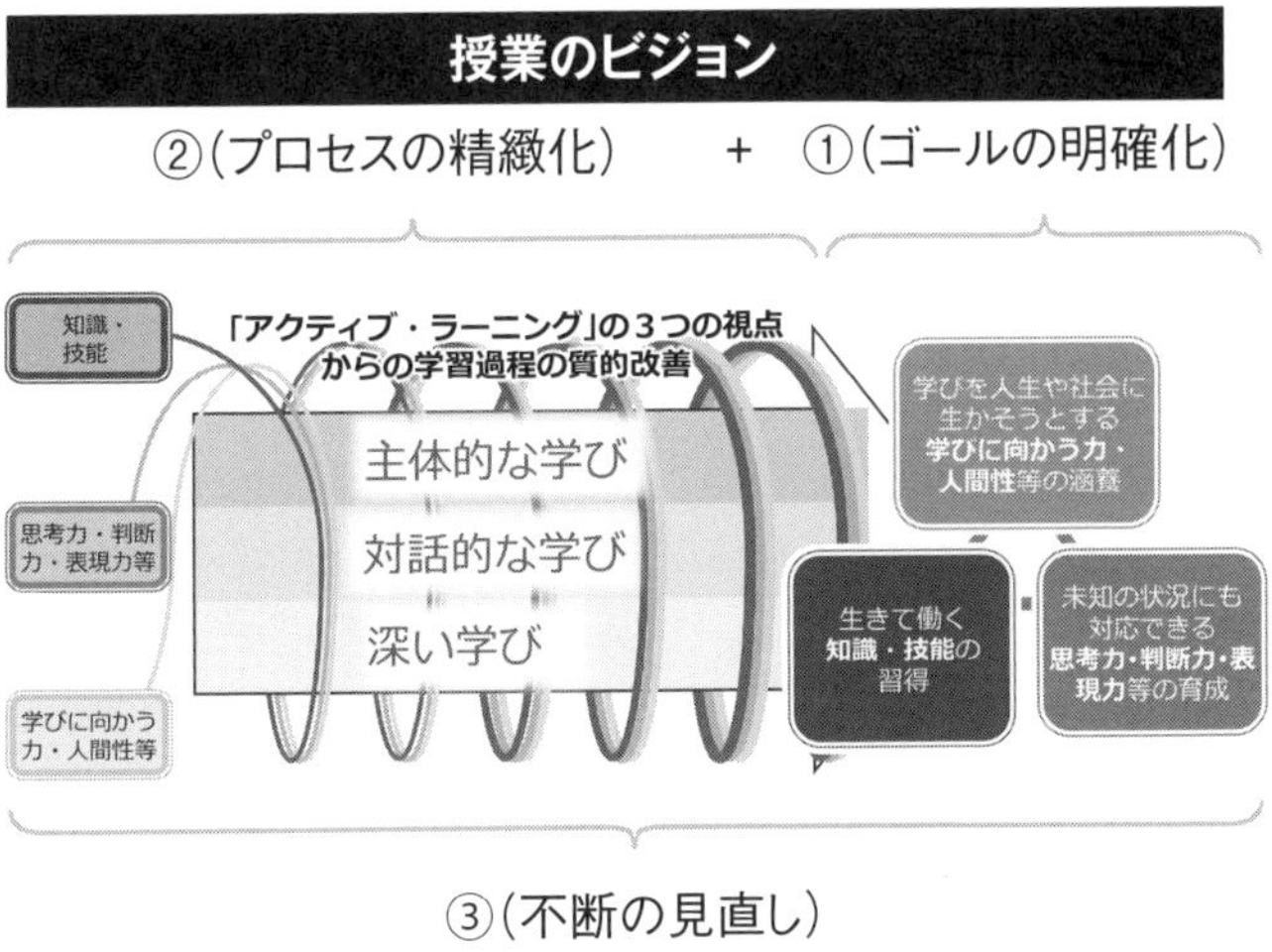

「資質・能力」の設定と、「主体的・対話的で深い学び」の視点からの学習過程の質的改善を、より現場目線で解釈すると「授業のビジョンをもつ」という発想に行きつく

「答申」補足資料内「資質・能力の育成と主体的・対話的で深い学び（「アクティブ・ラーニング」の視点）の関係（イメージ）」2016年12月21日をベースに再構成

「主体的・対話的で深い学び」となります。

「主体的・対話的で深い学び」の視点で授業を質的に改善したり、単元を計画したりする営みこそが、学習のプロセスを精緻にデザインすることの基礎となるわけです。

さらに、子供たちを主体にして授業をつくっていく際には、より子供たちが学びやすくなるように、学習のプロセスを改善したり、それによってゴールを変更したりすることも考えられます。**ゴールとプロセスとの相互関係を意識しながら、見直しをかけていく**という姿勢も忘れてはいけません。

「授業のビジョン」と、「資質・能力」「主体的・対話的で深い学び」の関係性を図で表現すると、図2のようなイメージです。

①ゴールである「資質・能力」を明確に設定すること。
②「主体的・対話的で深い学び」の視点で、学習のプロセスを精緻にデザインすること。
③日々の授業での子供たちの姿を根拠にして、ゴールとプロセスについて相互関係を意識しながら不断の見直しをすること。

「授業のビジョン」をもつことで豊かに子供の学びが展開されれば、資質・能力が確かに育成されていくでしょう。

新学習指導要領では、主体的・対話的で深い学びは、資質・能力を育成するための「どのように学ぶか」というプロセスを考える上で、欠かせない視点として掲げられています。両者に何ら齟齬《そご》はなく「授業のビジョン」においても、目指していく方向は、資質・能力の育成であることに違いはないのです。

第２章

ゴールの明確化

あまりにも未知な世界を前に、

私たちはどこへ行きたいのか？

それから、どう歩きたいのか。

毎日、この胸に問いかける。

ゴールの明確化

1 誰一人として切り捨てない

「商店街のポスターなのに、子供というか、関係のない人たちが入るのってどうかと思う」

とある総合的な学習の時間での子供の言葉です。

その単元では、自分たちが暮らす商店街の活性化を目指し、ＰＲポスターを作成していました【単元２参照】。より魅力的なものにするため、構図等の具体について議論していた際、「商店街の店主さんたちとクラスの子供たちが一緒に写るべきかどうか」という展開の中で飛び出した発言でした。

このとき、多くの子供たちの考えを代表する発言として上がっていたのが、「子供がいた方がこの商店街に活気がある感じがするから、自分たちがいた方がいい」という考えでした。そんな、「これまで、商店街を盛り上げるプロジェクトを共に行ってきた商店街の店主さんたちとポスターに写りたい」という願いを多くの子供たちがもっている中で、商店街に直接関係のない自分たちが写真に加わってもいいのか、という真逆の発言です。

みなさんなら、どう対応しますか？

私はそのまま、子供たちの議論を見守ることにしました。すると、

「それって、聞かなきゃ分からないじゃん」

という発言が数名から出てきました。これを受け、クラス全員で商店街の会長の考えを聞きに行くことにしました。

この判断が正解かどうかは分かりません。きっと、授業を見た人によっても、評価は様々でしょう。

「授業は生き物」「想定外の発言はつきもの」よく言われる言葉です。

分かってはいることだけれど、授業は思いどおりになんていきません。だからこそ大切にしたいのは、**誰一人として子供を切り捨てないこと**なのです。**どの子供のどんな発言も**

授業の大切な事実に違いありません。さらには、少数の子供だけが感じている素朴な疑問こそが、真正な学びの入り口になることも少なくありません。

この授業のゴールは、「自分たちが続けてきた商店街を盛り上げる活動の意味や価値に気付くこと」です。ポスターは、誰に向けて何のために作るのか。どういうことが「商店街を盛り上げること」になるのか。自分たちがポスターに写ることの是非について考えようとするこの発言こそが、本質を捉えていました。

結果的に、ある一人の素朴な疑問を全体に投げかけることで、商店街会長の「一緒に写ることで、子供たちも一緒に町おこしをしたことが絵を見たら分かる」という考えを聞く機会を得ました。その考えを聞き、再度自分たちで話し合うことで、「自分たちがポスターに写るという行為によって、多くの人たちが関わりながら活動を行っていることが伝わる」という新たな町おこしの価値に気付くことができました。

教師側からすると、一見、授業の流れから逸脱したように思える発言から、授業で目指していた子供たちの気付き（学習のゴール）にたどりつくことができたのです。

どうしてこの発言で立ち止まり、全体化することができたのでしょうか。

子供との関係性、そのときの学級の空気感、教師の勘等、様々な要素はありますが、その中で間違いなく大きく作用していたものがあります。

それは、**学習のゴールをしっかりと設定していた**ということです。学習のゴールとは、この授業の終わりに子供たちが**どんな考えをもち、具体的に何を感じ、何を考え、どんな言葉を発しているか**、ということです。これらについて、教師が確かに思い描くゴール（到達目標）のことです。

授業のゴールを想定することで、たとえ話し合い自体が教師の想定から大きく外れてしまった場合でも、ゴール（到達目標）にたどりつくためには、どのような手立てを用いて学習活動を修正していくべきか、戦略を立てられるようになります。

2　ゴール設定と資質・能力

ゴールを意識せずに、自由に話し合うこと。これが、教師と子供が授業の中で共に迷子になってしまう原因です。

迷子になってしまった挙げ句、最終的に教師がたくさん喋《しゃべ》って、無理やり軌道修正を行う。そして、子供の意欲は半減してしまう。私自身がそんな授業をたくさんやってきてしまった経験を多くもっていることからこそ、ゴールにおける子供の姿を「資質・能力」として意識することの重要性は自信をもって言うことができるのです。

資質・能力を設定することによる利点は二つあります。一つめは、思わぬ子供の発言についても、**ゴールとの位置関係を確認しながら、価値付けていく**ことができるよさです。二つめは、授業づくりがシャープになるというよさです。授業を構想する際に、手立てをいくつも考え、授業に全て盛り込んでしまって時間オーバーになってしまったり、結局どの手立てを選んでよいか分からなくなってしまったりした経験を、みなさんももっているのではないでしょうか。このような迷いならまだしも、私は「思考ツールを使ってみたい」という思いが先行して、必要のない思考ツールを授業で用いてしまい、結局授業のねらいと全く外れた授業をしてしまった経験をいくつかもっています。

ゴールとして資質・能力を明確にすることで、**ブレずに学習活動を選択していくことができるようになる**という利点があるのです。

子供たちが自由闊達に意見を出し合い、熱く議論する中で、教師が少し方向付けするだけで学びを深めていくことができる授業。

こんな授業を子供たちとつくれたら最高ではないですか？

3 「三つの柱」を捉える

では、具体的に授業を行う上で、どのように資質・能力を設定していけばよいのでしょうか。第一章でも示したとおり、新学習指導要領では、教育課程全体を通して育成を目指す資質・能力の「三つの柱」を示しています。

その詳細については既に多くの参考資料がありますが、本書では、この「三つの柱」をよりかみ砕き、現場で実際に授業する上で無理が生じないように、ポイントを押さえていくことを試みます。

(1)「知識及び技能」と「文脈」

『小学校学習指導要領（平成二九年告示）解説　総則編』（以下、「『解説』総則編」）第3章三六ページでは、「知識及び技能」について、次のように解説しています。

資質・能力の育成は、児童が「何を理解しているか、何ができるか」に関わる知識及び技能の質や量に支えられており、知識や技能なしに、思考や判断、表現等を深めることや、社会や世界と自己との多様な関わり方を見いだしていくことは難しい。

この表現からは、「知識及び技能」が三つの柱の中で、基盤となる柱であることが読み取れます。また、

知識については、児童が学習の過程を通して個別の知識を学びながら、そうした新たな知識が既得の知識及び技能と関連付けられ、各教科等で扱う主要な概念を深く理解し、他の学習や生活の場面でも活用できるような確かな知識として習得されるようにしていくことが重要となる。

と解説されていることから、「知識及び技能」とは、「個別的で事実的な知識・技能」が関連付けられ「概念的知識」となり、生きて働く知識や技能となっていくとイメージすることができるでしょう。個別的で事実的な知識・技能（学んだり、身に付けたりした場面と

同様の状況で発揮できる知識）だけでは、十分ではないことは明らかです。

では、生きて働く知識や技能を身に付けていくために必要なこととは何か。

「知識及び技能」の育成のためのキーワードは「文脈」でしょう。

子供たちの学びにおける「文脈」とは、必然性のあるストーリーの中に学びが埋め込まれているということです。

五年生の国語の言語活動であるインタビューの学習を例に考えてみましょう。この学習の目標は、「目的に沿って伝えたいことを分かりやすく話すこと、相手の意図をつかみながら聞くこと」です。ここで避けたいのは、何の目的もなく、友達の好きなことをインタビューするというような学習活動です。

目指すべきは、子供たちが文脈のある学び中でインタビューを行う姿です。私なら、総合的な学習の時間と関連を図り、「町の公園のよさを発信するために、公園の特徴を実際に利用している方々にインタビューしよう」という文脈で、この学習を行います。

前者と圧倒的に異なるのは、総合的な学習の時間との関連を図ることにより、インタビューをするという**ストーリーや必然性が生み出されている**ということです。「自分たちも大好きな公園なのに、その素晴らしさが町の人に伝わっていない。だから、公園のよさを発信することで、その魅力を知ってもらいたい」という思いをもって、学習活動を行います。すると、価値のある情報を発信するために、効果的なインタビューをして確かな情報を得る必要が出てきます。

教室で基礎的なインタビューの方法を学んだ上で、学校の外に飛び出して実際にインタビューを行うことで、子供たちは次のような感想をもつことができるでしょう。

「インタビューをする際には、聞きたい内容を事前にしっかりと準備しておくけれど、それを一方的に聞くだけではだめ。相手の反応や興味のあることに寄り添って、相槌《あいづち》を打ったり、質問を重ねたりして、相手の言いたいことを引き出すことが大切だ」

このように、相手に寄り添うことが重要なのだ、というインタビューの本質を子供が実感できるようになります。

何も全ての学習を総合的な学習の時間とつなげましょう、と提案しているわけではありません。肝心なのは、**子供たちにとって自然な文脈の中で必然性のある学びを展開していくこと**です。

基礎的な学習によって得た知識や技能を「文脈」のある学びの中で活用することによって、個別の知識及び技能が関連付けられ、生きて働く知識に階層を上げていくというイメージです。

(2)「思考力、判断力、表現力等」と「活用」

「解説」総則編三七ページでは、「思考力、判断力、表現力等」について、次のように解説されています。

> 社会や生活の中で直面するような未知の状況の中でも、その状況と自分との関わりを見つめて具体的に何をなすべきかを整理したり、その過程で既得の知識や技能をどのように活用し、必要となる新しい知識や技能をどのように得ればよいのかを考えたりするなどの力

この解説から、問題を解決する際には、「既得の知識や技能」を活用することが重要であることが分かります。

では、子供が「理解していること・できることをどう使うか」に関わる「思考力、判断

力、表現力等」を育むために必要なことは何か。

「思考力、判断力、表現力等」の育成のためのキーワードは「活用」だと考えます。この「活用」するという姿をブレークダウンしてみると、獲得した知識や技能を場面や状況に応じて、選んだり、組み合わせたりしている様子を活用している姿と考えることができるでしょう。

例えば、小学校三年生の国語の要約をする学習を例に考えてみたいと思います。この学習では、まず、盲導犬の訓練についての説明文を読みます。筆者が伝えたい内容を理解しながら、教科書の説明文をもとに「主語と述語は入れる」「筆者が伝えたい部分を残す」「具体的な例は入れない」等の要約の技を身に付けていきます。次に、学んだ要約の技を活用して自分が紹介したい犬の本のリーフレットを作成します。身に付けた技の中からより適切なものを選んで使ったり、技を組み合わせたりして活用している様子が思考力、判断力、表現力等が育成されている学習過程だとイメージすることができます。

（3）「学びに向かう力、人間性等」と「実感」

「解説」総則編三八ページでは、「学びに向かう力、人間性等」について、次のように解説しています。

主体的に学習に取り組む態度も含めた学びに向かう力や、自己の感情や行動を統制する力、よりよい生活や人間関係を自主的に形成する態度等

ここから、「学びに向かう力、人間性等」とは、自ら進んで学ぼうとする態度や自己を統制する力、人間関係を形成する態度だとイメージすることができるでしょう。

また、次のようにも解説されています。

「学びに向かう力、人間性等」は、他の二つの柱をどのような方向性で働かせていくかを決定付ける重要な要素である。

このように、「知識及び技能」や「思考力、判断力、表現力等」を適切な状況で適正な方向へ働かせていくために、「学びに向かう力、人間性等」は欠かせないものだということが分かります。

「学びに向かう力、人間性等」を確かに育んでいくために必要なことは何でしょうか。**ここで欠かすことができないキーワードは「実感」**です。実感とは、自分たちの学びの意味や価値を肌で確認していくことです。

総合的な学習の時間で、地域のお年寄りが元気になることを目指して自分たちが考案した踊りを広めていく活動を例に考えてみましょう。このような活動では、お年寄りとの複数回の関わりの中で、自分たちの活動が受け入れられていて、社会的な意味や価値をもっているという手応えを実感するような経験をすることが重要です。この実践では、地域の方から次のような言葉をいただきました。

「みんなが私たちのことを思ってくれて、活動をしてくれていること自体に本当に感謝しています。その気持ちを知って、元気が出てきました」

このような生の言葉が手応えにつながっていきます。

手応えを実感することで、子供たちは「自分たちの活動には、十分意味があった」「よし、またやってみよう」と思うことができるのです。

実感を伴って、後天的に十分育成可能な資質・能力であるというイメージをもつことができます。

(4)「三つの柱」は関係し合う

○知識及び技能：
文脈のある学習で活用することによって、関連付けられ概念化されていくもの
○思考力、判断力、表現力等：
既得の知識を場面に合わせて活用して、問題をどのように解決するとよいか考えるもの
○学びに向かう力、人間性等：
実感を伴う学習経験によって育成されるもの

以上のように、三つの柱を捉える際のキーワードをまとめてきました。

資質・能力の三つの柱を捉えていく上で、極めて重要なのは、この三つが**相互に関係し合いながら育成されていく**という事実です。

「解説」総則編三五ページでは、次のように解説されています（傍線は筆者）。

これらの三つの柱は、学習の過程を通して相互に関係し合いながら育成されるものであることに留意が必要である。児童は学ぶことに興味を向けて取り組んでいく中で、新しい知識や技能を得て、それらの知識や技能を活用して思考することを通して、知識や技能をより確かなものとして習得するとともに、思考力、判断力、表現力等を養い、新たな学びに向かったり、学びを人生や社会に生かそうとしたりする力を高めていくことができる。

また、『小学校学習指導要領（平成二九年告示）解説　総合的な学習の時間編』（以下、「『解説』総合的な学習の時間編」）の第7章一一三ページでは、次のように解説されています。

（前略）各教科等で身に付けた「知識及び技能」は関連付けられて概念化し、「思考力、判断力、表現力等」は活用場面と結び付いて汎用的なものとなり、多様な文脈で使えるものとなることが期待できる。

また、このように充実した学習の過程において、児童は手応えをつかみ前向きで好ましい感覚を得ることが期待できる。そのことが、更なる学習過程の推進に向かう安定的で持続的な意志を涵養していく。

どちらの解説からも、三つの柱が互いに関係し合いながら育まれていくことがよく分かります。

しかし、さらに一歩進んで、現場の教師として気になるのは、これらを具体的な子供の姿で語るとどういう内容になるのだろうか、ということです。

それを、総合的な学習の時間（ポスターで商店街の活性化を目指した実践）【単元2参照】を例に考えてみたのが図3となります。

①デザイン学校の先生から、写真の撮り方にはアップとルーズという構図があることを教わる。（個別的で事実的な知識及び技能）
②八百屋さんで新鮮な野菜を伝えたい場合にはアップを選択する。酒屋さんで豊富な品揃《しなぞろ》えを伝えたい場合にはルーズを選択する。（思考力、判断力、表現力等）
③アップは物を強調するときに使う、ルーズは全体の様子を伝えるときに使うこと。伝え

たい内容に合う構図という概念があることに気付く。（概念的知識）
④出来上がった構図を店主から価値付けてもらうことで、もっとよいポスターで町の役に立ちたいという思いをもつ（学びに向かう力、人間性等）
⑤他にも効果的な構図があるのではないかと新しい構図を学ぶ。（個別的で事実的な知識及び技能）

ここから見えてくるのは、三つの柱の関連を意識して授業をデザインしていくことで、一つずつではなく三つの柱を総合的に育んでいくことができるということです。

4　長期的・中期的・短期的スパンで捉える

四五分間で学んだ子供たち。その子供たちが四五分間の学びを終えた後にどう変わっているのか。さらに、四五分間の学びを積み重ねた数時間後や単元終了後にどのように変わっているのか。ここをどれだけ明確に思い描くことができるかによって、授業の質に大きな差が出てきます。言うまでもありませんが、授業の質に子供たちの育ちは左右されま

図3 「資質・能力の3つの柱」を意識した授業イメージの例

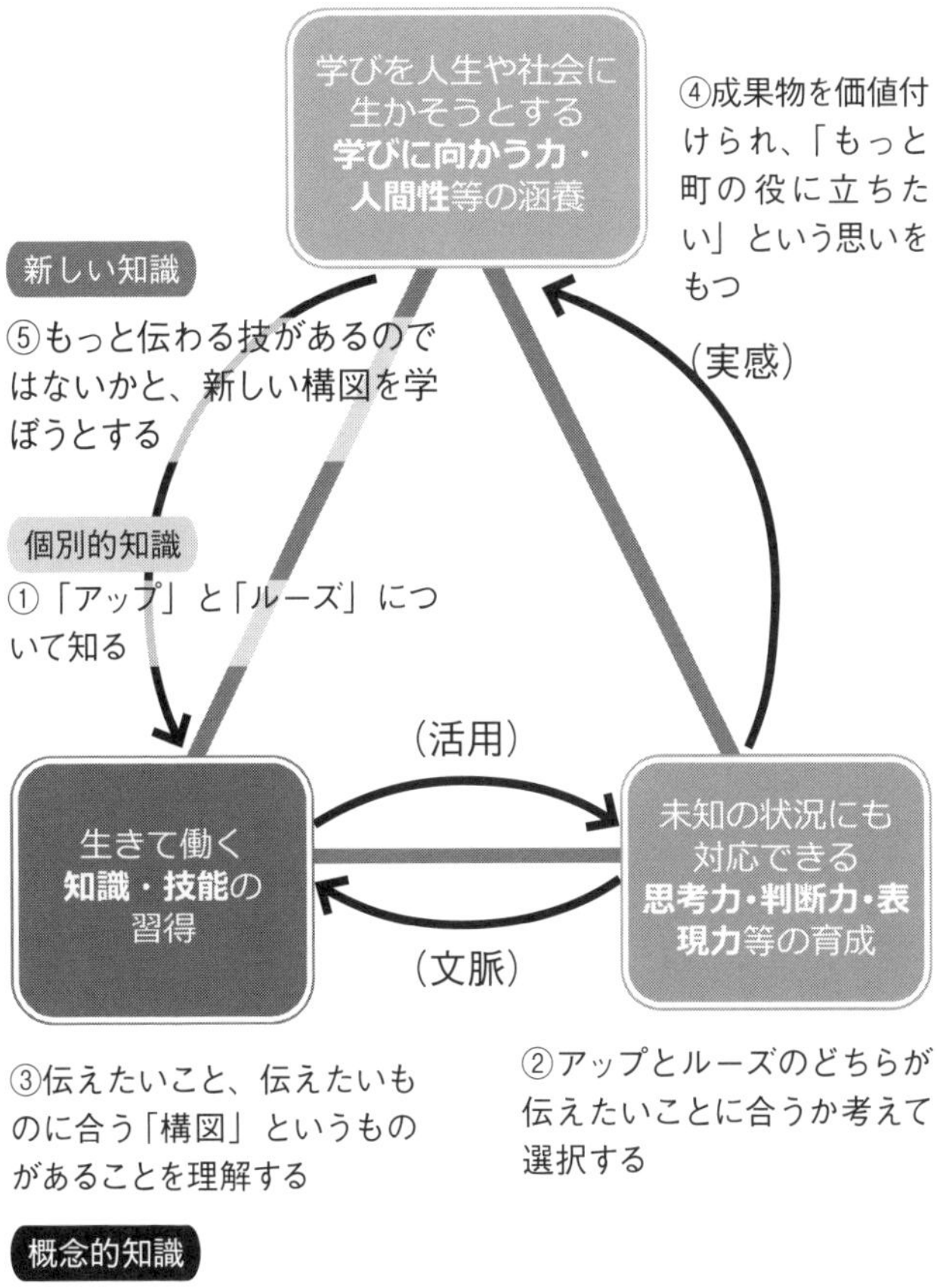

す。

となると、小学校現場のミッションとして、**長期的・中期的・短期的なスパンで資質・能力を設定すること**が求められていることが分かります。

想定としては、学校教育目標→各教科等→単元→小単元→本時（四五分間）という時間的なスパンで分類し、それぞれの桁で資質・能力を設定していくことができそうです。

「解説」総則編の第3章四七ページでは、次のように述べられています。

> 児童に「生きる力」を育むことを目指して教育活動の充実を図るに当たっては、学校教育全体及び各教科等の指導を通してどのような資質・能力の育成を目指すのかを、資質・能力の三つの柱を踏まえながら明確にすることが求められる。

まず大前提として、それぞれの学校が目指している最終的なゴールである「学校教育目標」を、「育成を目指す資質・能力」の視点から見直すべきであることが新学習指導要領で求められていることからも、学校全体でゴールを共有し子供を育てていくべきということが分かります。

また、「解説」総則編の第1章1の(2)改訂の基本方針（三ページ）では次のように述べられています。

> 今回の改訂では、知・徳・体にわたる「生きる力」を子供たちに育むために「何のために学ぶのか」という各教科等を学ぶ意義を共有しながら、授業の創意工夫や教科書等の教材の改善を引き出していくことができるようにするため、全ての教科等の目標及び内容を「知識及び技能」、「思考力、判断力、表現力等」、「学びに向かう力、人間性等」の三つの柱で再整理した。

「生きる力」を具体化するために資質・能力の三つの柱で整理することと、各教科等の目標や内容についても三つの柱で再整理することにより、教育課程全体を通して齟齬なく「生きる力」を育成できるように整理されたと捉えることができるでしょう。

学校教育目標が職員室や校長室の飾りではなく、教師全員の中で資質・能力イメージで具体となり意識化されることによって、次の効果が得られると考えています。

①全教科等で目指す方向が定まること
②ＰＤＣＡサイクルによる検証が可能となること

それぞれの教科等でバラバラの目標へ進むのではなく、同じゴールに向かって子供たちを育てていくことができるようになり、また、ＰＤＣＡサイクルによって不断の見直しが繰り返され、育てたい子供像が理想のままで終わらずに具現化されていくということです。

しかし、学校教育目標を三つの柱で整理している学校はまだ少ないのではないでしょうか。問題を解決するために必要な力は特定の教科等のみで育成されていくわけではありません。やはり、学校の教育を包括する学校教育目標の三つの柱での見直しが必要なのは言うまでもありません。

とはいえ、可能な限りの桁で、資質・能力について考えることに越したことはないのですが、資質・能力の確かな育成を目指す授業づくりが喫緊で求められている私たち教師が、全ての行程をやり尽くすには、かなりの労力と知恵が必要となってしまいそうです。

そこで、本書ではあくまで、授業づくりの具体にダイレクトに関わる次の三つの桁で資質・能力の設定の手順を詳細に提案していきたいと思います。

①単元レベル
②小単元レベル
③本時レベル

資質・能力設定の視点

視点1　単元レベル

学校全体としてのゴール（到達目標）が設定されたことは前提とし、ここからは**教科等における単元レベルで資質・能力を設定していく流れ**を考えていきたいと思います。

国語、社会、算数、理科等の教科は、目標と内容が学習指導要領で三つの柱でしっかりと整理され、明示されています。よって、私たちが授業を行う際には、教科書を含む教材と目の前の子供たちの興味・関心を踏まえ、目の前の子供にフィットした単元の資質・能力を設定していく流れをとると思います。

ところが、総合的な学習の時間については、学校教育目標と総合的な学習の時間の第1

の目標を踏まえて、各学校において目標と内容を定めることとされています。さらに、そうやって各学校において定めた目標と内容をもとに、各学年や各学級で行う総合的な学習の時間の内容を設定していくことが求められているのです。「解説」総合的な学習の時間編の第3章一八ページで示されている資料で、目標と内容の関係が示されています。

一見、他教科等と比べると資質・能力を設定していく過程が複雑なように見えます。しかし、総合的な学習の時間においては各学校の教育目標を踏まえて、育成を目指す資質・能力を考えることが許されています。そのような性格をもつ総合的な学習の時間であるからこそ、子供たちの実態や、学習材がもつ価値を十分に考慮しながら、資質・能力を設定していく流れをより明確に示すことができそうです。

まずは、どんな学習材を通して子供たちが何を学んでいくのかに関わる単元を構想していく必要があります。実際には、次のような流れで育成を目指す資質・能力の設定を行っています。

①子供の思いをつかむ
②学習材の分析

③育成を目指す資質・能力の設定

(1) 子供の思いをつかむ

単元を構想していく上で大切にしたいのは、子供たちの思いに沿った学習材を選定することです。しかし、子供たちの「○○してみたい」という思いや子供たちの経験の中から生まれた発想だけを重視していたのでは、十分価値のある学習活動にはならないでしょう。多くの場合は話し合いによって、学習材を絞り込んでいくこととなりますが、その話し合いが**子供たちの思いを十分に汲み取りながらも価値のある学習材へと収束していく**ために次のような話し合いの流れを大切にしてきました。

①どんな自分たちになりたいか
②総合的な学習の時間で大切にするポイント
③条件をもとにした学習材の選定

資料1　総合的な学習の時間の構造イメージ（小学校）

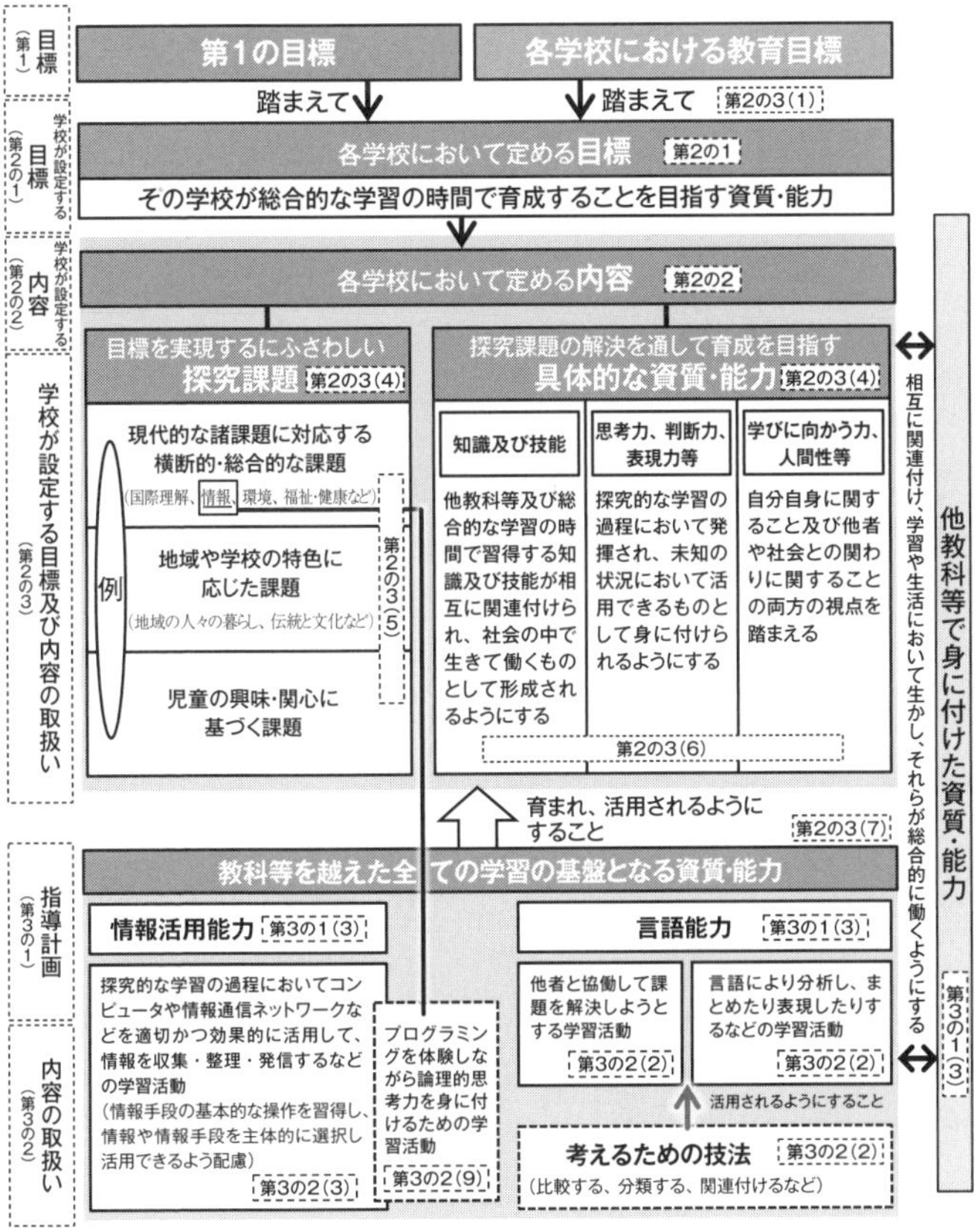

『小学校学習指導要領（平成29年告示）解説　総合的な学習の時間編』P.18より

まずは、「①どんな自分たちになりたいか」について話し合います。実際には、次のような発言がありました。

「積極的に自分から動くことができるようになりたい」

「友達と協力して、一人では成し遂げられないことをしたい」

「町の方々としっかりと関わることができる自分たちになりたい」

ここでいう自分たちとは自分を含めた学級全体のことを示しています。自分たちが一年間の総合的な学習の時間での学びを通して、どんな姿になっていたいのかを言語化していきます。写真1は、「今年の総合でどんな自分たちになりたいのか」という課題で話し合った際の板書です。子供の発言を学校教育目標の三つの項目に分類しながら、子供たちが目指す姿を整理していきました。この話し合いには、**子供たち自身が目指す資質・能力を設定しているのと同様の価値**があります。

次に「②総合的な学習の時間で大切にするポイント」について話し合います。子供たちは、自分たちが目指す姿に近付くために必要な総合的な学習の時間のポイントについて話し合いを行います。このときに子供たちの語る内容が、**学習材を選定するための条件と方法を決める際の視点**となります。写真2は、その話し合いの際の板書ですが、子供たちの

写真1 「今年の総合でどんな自分たちになりたいか」の板書

子供の発言を学校教育目標に即して分類・整理

- 今年1年間の総合的な学習の時間で、どんな自分たちになりたいのかを拡散的に出し合う。
- 教師が学校教育目標の項目、または資質・能力の３つの柱の視点で分類していく。
- 端的な言葉で子供たちが目指す姿を書き表す。

思いを整理すると「戸部（※前任校のある、横浜市戸部）の町のよいところを生かすこと」「町の方々と関わり、本当に役に立つこと」という中心となる条件が見えてきました。

板書の右側でまとめていますが、「戸部の町のよいところを生かす」という条件に合う学習材を見付けるために、町探検に出て、町の素敵なひと・もの・ことを見付けようという、方針を決定することができました。

自分たちで、「こんな総合的な学習の時間にしたい、そのためにこんな条件が必要だ」という見通しをもつことができたら、次は「③条件をもとにした学習材の選定」を行います。ここで紹介する商店街のポスターを作るという活動【単元2参照】では、自分たちが取り組むべき課題を見付けるために、写真3のように実際に町に出て様々な方にインタビューをしたり、町の建物や自然、人が行き交う様子を観察したりしました。そうして、**集めた情報の中から自分たちで決めた条件を満たす学習材**を見付けていくわけです。

学級の子供たちの思いを十分に尊重した上で、試しに活動をやってみたり、話を聞いたり、書籍で調べたりする等の様々な方法で情報を集めて、学習材を選定することが大切です。

ここまで説明してくると、全て子供まかせにしていて、本当に学ぶ価値のある学習材を

写真2 「総合選びで大切にするポイント」の板書

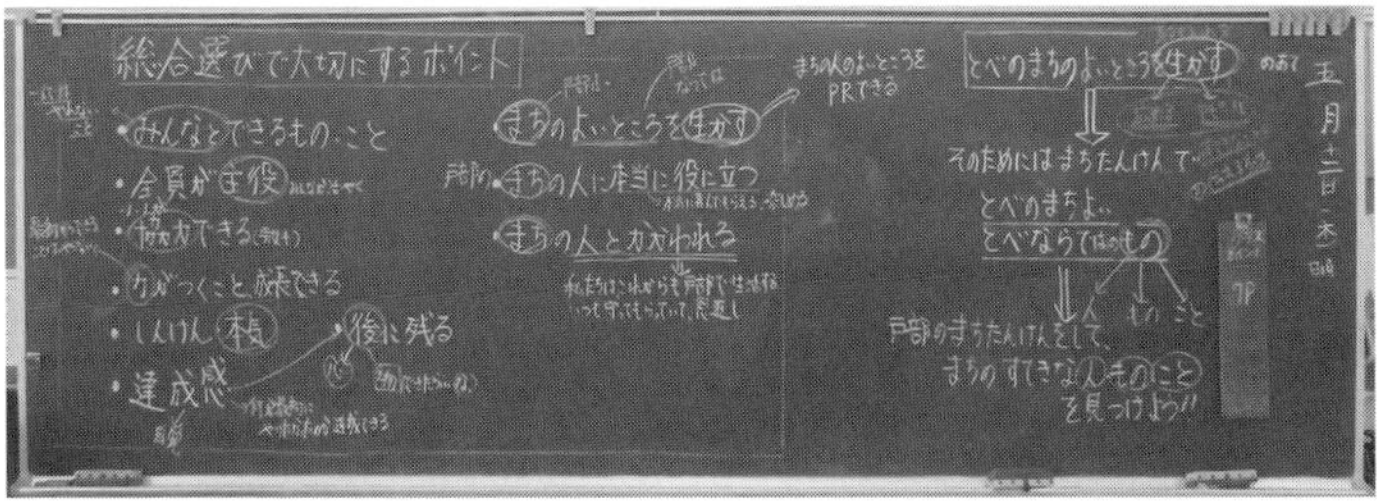

子供の思いから学習材選定の条件・方法を決定

・総合的な学習の時間を進める上で大切にするポイントを自由に出し合う。

・発言の重なりが多い内容は、丸で囲んだり、下線を入れて強調する。

・大切にするポイントを黒板の左部に、右にはそのポイントの中でも「特に大切にしたいもの」を書き出す。

・「特に大切にしたいもの」から、学習材の選び方を決めていく。

見付けることができるのだろうか？　という、疑問をもたれる方もいるのではないでしょうか。決して子供まかせにしているわけではありません。実は、子供の思いが見えてきたところで、**教師自身も学習材の分析をしっかりと行っている**のです。

（2）学習材の分析

子供たちが取り組んでみたい学習材を見付けてくるパターン、教師が魅力的な学習材を子供に示すパターン等、総合的な学習の時間の始まりには様々なパターンがあってよいと思います。ただし、必ず行いたいことは、教師による学習材の分析です。子供たちの話し合いの一歩先を見越して行うか、最低でも同時進行で行いたいものです。

学習材を分析することの第一歩は、**どんな活動ができそうか、どんな対象（ひと・もの・こと）と関わることができそうか**を可能な限り出し切ることに他なりません。分析の際におすすめしたいのは、ウェビングマップを使った分析の方法です。真ん中に学習材、その周りには活動、活動の周りには対象のつながりを明らかにしていきます（資料2上段）。

ウェビングマップを作成する際に気を付けることは二つです。一つめは、まずは拡散的

写真3　条件をもとにした学習材の選定

インタビューや観察、体験を通して情報収集

・実際に町に出て様々な方にインタビューを行う。

・町の建物や自然、人が行き交う様子を観察する。

・試しに活動をやってみたり、話を聞いたり、書籍で調べたりして情報を集め、自分たちでつくった条件をもとにして、学習材を選択する。

に思いつくままに広げてみること、二つめは、一人で行わずにできる限り複数で行うことです。特に二つめのポイントが重要です。多くの人で自由に発想を広げ、拡散的に教材の価値を探索していくことにより、個人では考えることができなかった発想を得ることができます。

資料2下段は、商店街のポスターを中心に据えて実際に作成したウェビングマップです。具体的には、次の三つの視点でこのウェビングマップを活用していきます。

①思考力、判断力、表現力等の視点でできるようになることを考える
②知識及び技能の視点で感じ取ってほしいことを考える
③探究的な学習活動のまとまりを考える

①思考力、判断力、表現力等の視点でできるようになることを考える

まずは、ウェビングマップの活動の部分に注目します。それぞれの活動を通して、どのような思考力、判断力、表現力等が育成される可能性があるのかを**探究的な学びの姿を想像しながら**分析していきます。

資料2　学習材分析ウェビングマップ

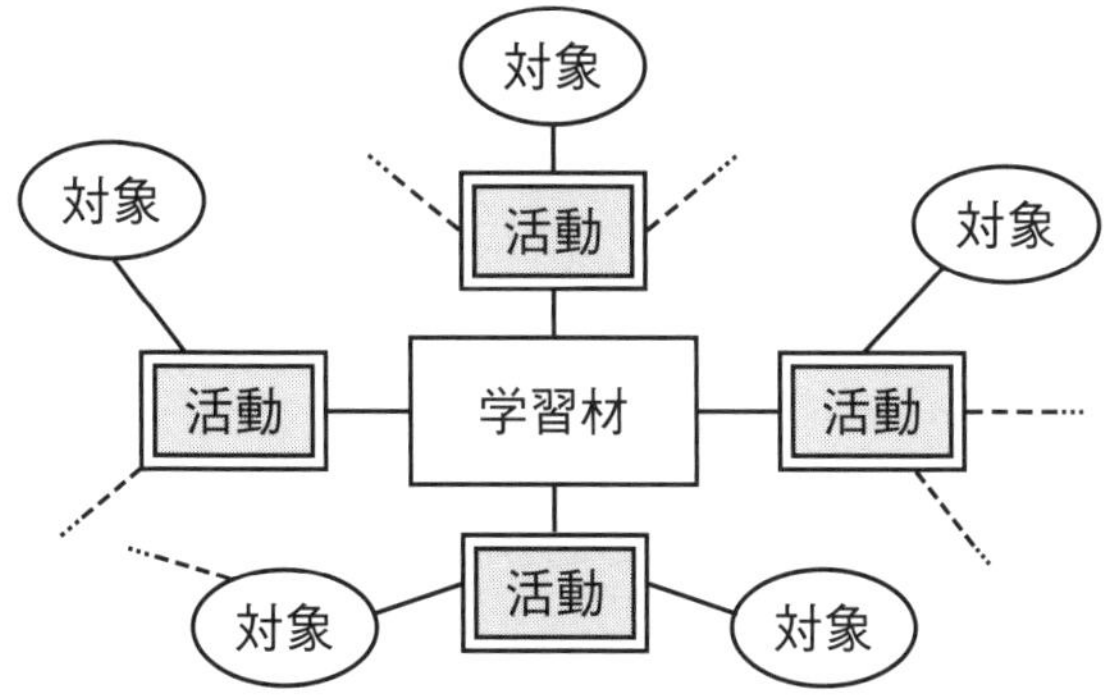

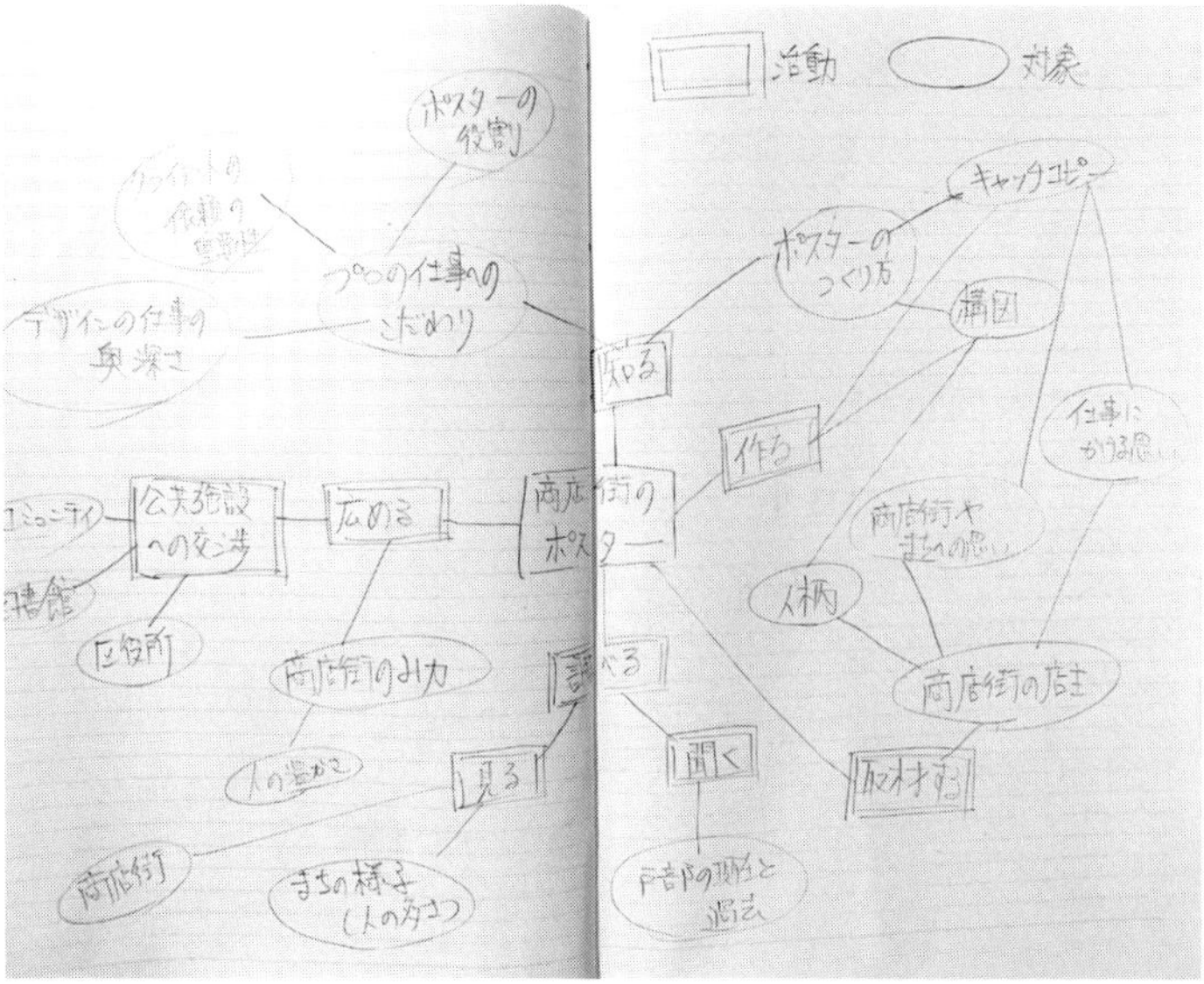

資料3の吹き出しの部分が、それぞれの活動を分析した結果となります。

ここでの分析は、最終的に資質・能力の「思考力、判断力、表現力等」を考えるもととなります。この中でも、より優先度の高いものを「育成を目指す資質・能力」の表に落とし込んでいくことになります。

② 知識及び技能の視点で感じ取ってほしいことを考える

次に、「知識及び技能」の視点で、**子供たちが対象との関わりの中でどんなことを感じ取って、どんな概念を形成することができそうか**を検討します。

資料4の吹き出しの部分が、それぞれの対象から気付くことができる具体的な知識や理解することができる概念的知識を表しています。

このように、学ぶことができる知識をしっかりと想定することによって、資質・能力を考える際の手がかりができます。この中でも、より優先度の高いものを「育成を目指す資質・能力」の表に落とし込んでいくことになります。

一方、実際に子供たちと共に学習材を選定しようとする場合には、アイディアとして挙がってくる学習材は一つとは限りません。私の場合は、A 商店街のポスター、B 商店街のチラシ、C 町おこしイベント、という学習材が候補として挙がりました。その際には、まず教師がA、B、Cそれぞれについてウェビングを行ってみて、**手応えがあるもの（活動に広がりが期待できて、その学年としての一定の学びの質が期待できるもの）**をしっかりと想定しておくことで、子供たちへの働きかけが明らかに変わってきます。

③ 探究的な学習活動のまとまりを考える

最後に、ウェビングマップから探究的な学習活動のまとまりを考えていきます。ここでは、**「何を対象として、どんな活動を行うことで、何を身に付けていくか」**を意識して整理していきます。

実際には、ここでつくったまとまりが小単元（一〇〜一五時間からなる探究の1ユニット）になっていきます。資料5が、実際に活動のまとまりを整理したものです。

この分析を行う際に忘れてはいけないことがあります。それは、**概念を形成したり、自分の生き方を考えたりする場面**はどこで生まれるのかを想定することです。**総合的な学習の時間は、自己の生き方を考えていく学習である**という視点は忘れずにもっていたいところです。

また、学習活動のまとまりを通して形成される概念や自己の生き方に対する考えは、学びに向かう力、人間性等を想定する上で大きな手がかりとなります。

資料3 「思考力、判断力、表現力等」の視点から分析

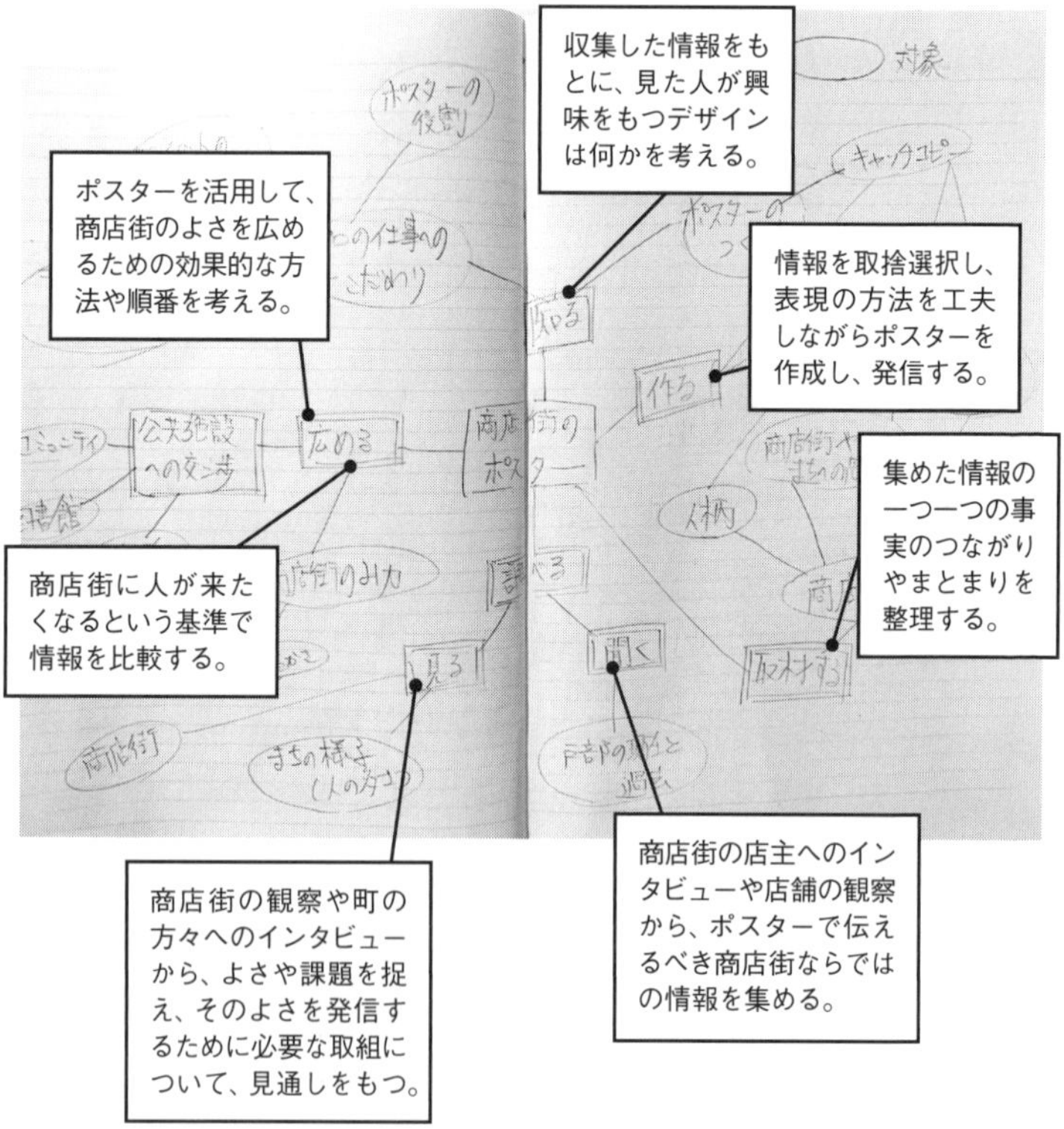

資料4 「知識及び技能」の視点から分析

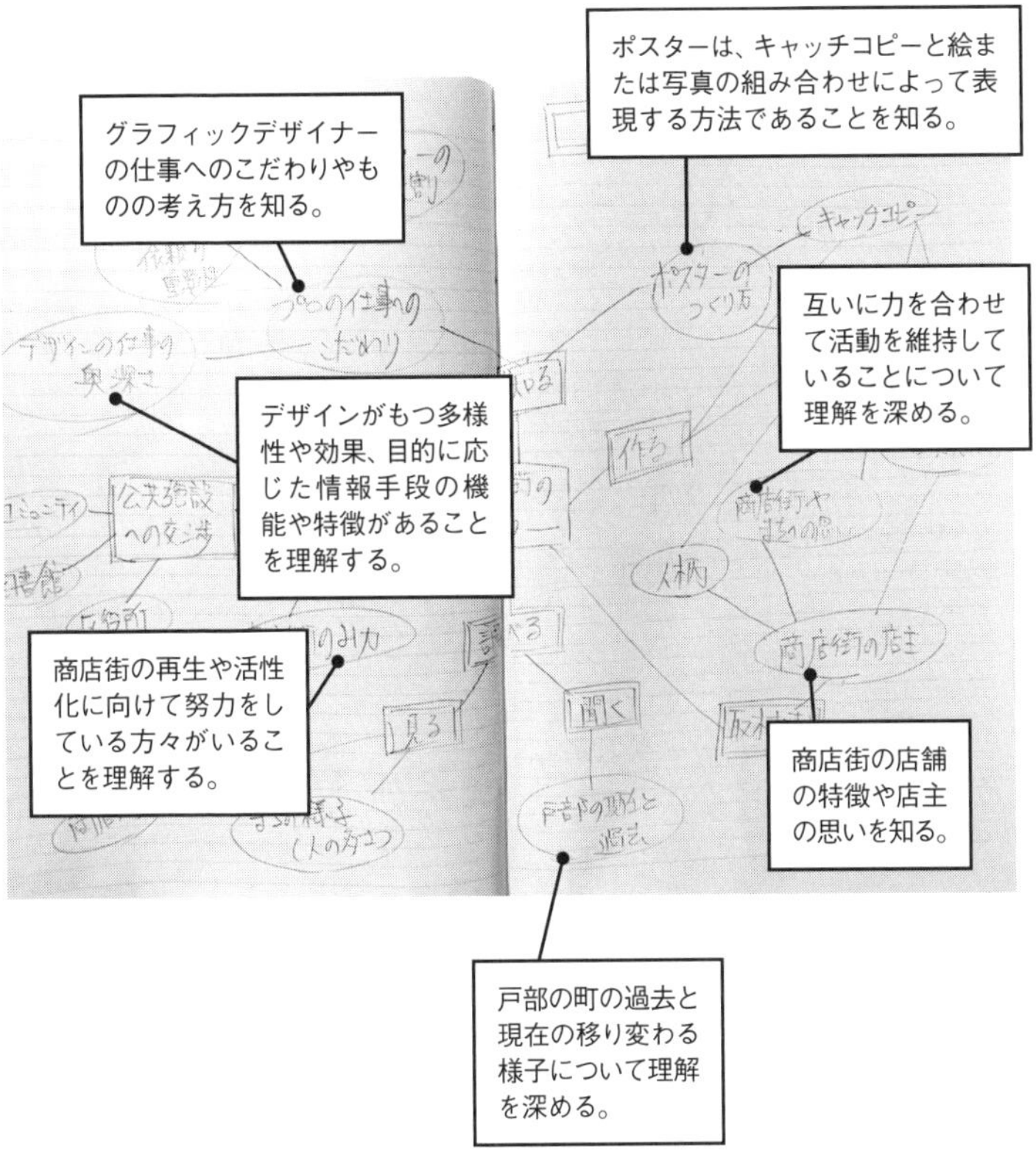
グラフィックデザイナーの仕事へのこだわりやものの考え方を知る。

ポスターは、キャッチコピーと絵または写真の組み合わせによって表現する方法であることを知る。

互いに力を合わせて活動を維持していることについて理解を深める。

デザインがもつ多様性や効果、目的に応じた情報手段の機能や特徴があることを理解する。

商店街の再生や活性化に向けて努力をしている方々がいることを理解する。

商店街の店舗の特徴や店主の思いを知る。

戸部の町の過去と現在の移り変わる様子について理解を深める。

資料5　探究的な学習活動のまとまりの整理

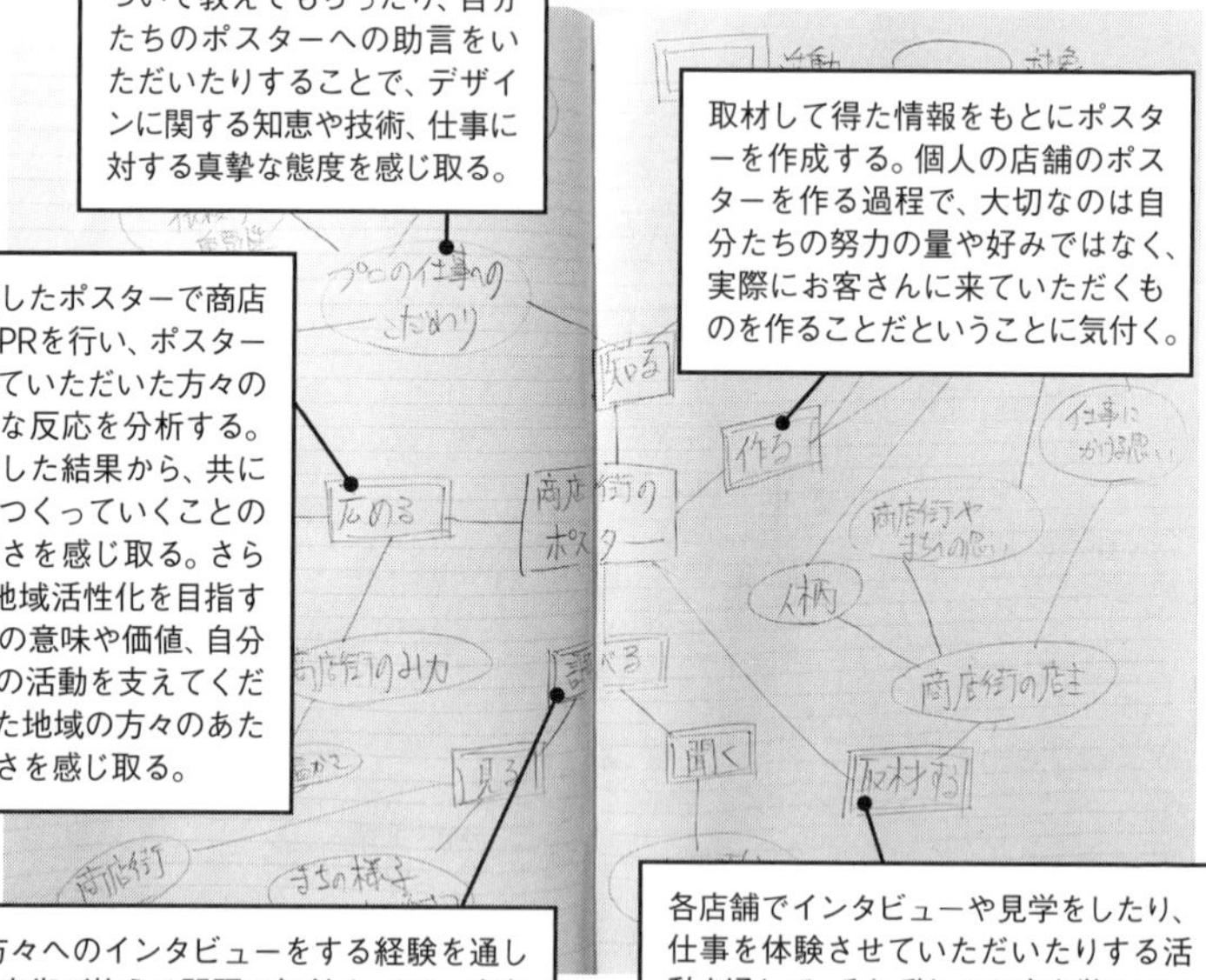

デザイナーの方からポスターについて教えてもらったり、自分たちのポスターへの助言をいただいたりすることで、デザインに関する知恵や技術、仕事に対する真摯な態度を感じ取る。

取材して得た情報をもとにポスターを作成する。個人の店舗のポスターを作る過程で、大切なのは自分たちの努力の量や好みではなく、実際にお客さんに来ていただくものを作ることだということに気付く。

作成したポスターで商店街のPRを行い、ポスターを見ていただいた方々の様々な反応を分析する。分析した結果から、共に町をつくっていくことの大切さを感じ取る。さらに、地域活性化を目指す活動の意味や価値、自分たちの活動を支えてくださった地域の方々のあたたかさを感じ取る。

町の方々へのインタビューをする経験を通して、商店街が抱える問題に気付く。また、店主への取材をもとに商店街を明るく元気にするためにできることについて話し合う活動を通して、ポスター作りで町を明るくする活動に取り組みたいという思いをもつ。

各店舗でインタビューや見学をしたり、仕事を体験させていただいたりする活動を通して、それぞれのお店を営んでいる店主さんの人柄やそのお店ならではの品物やサービス等の特徴を理解し、この町で仕事を続けてこられた方々の思いや誇りを感じ取る。

資料6 「思考力、判断力、表現力等」を整理

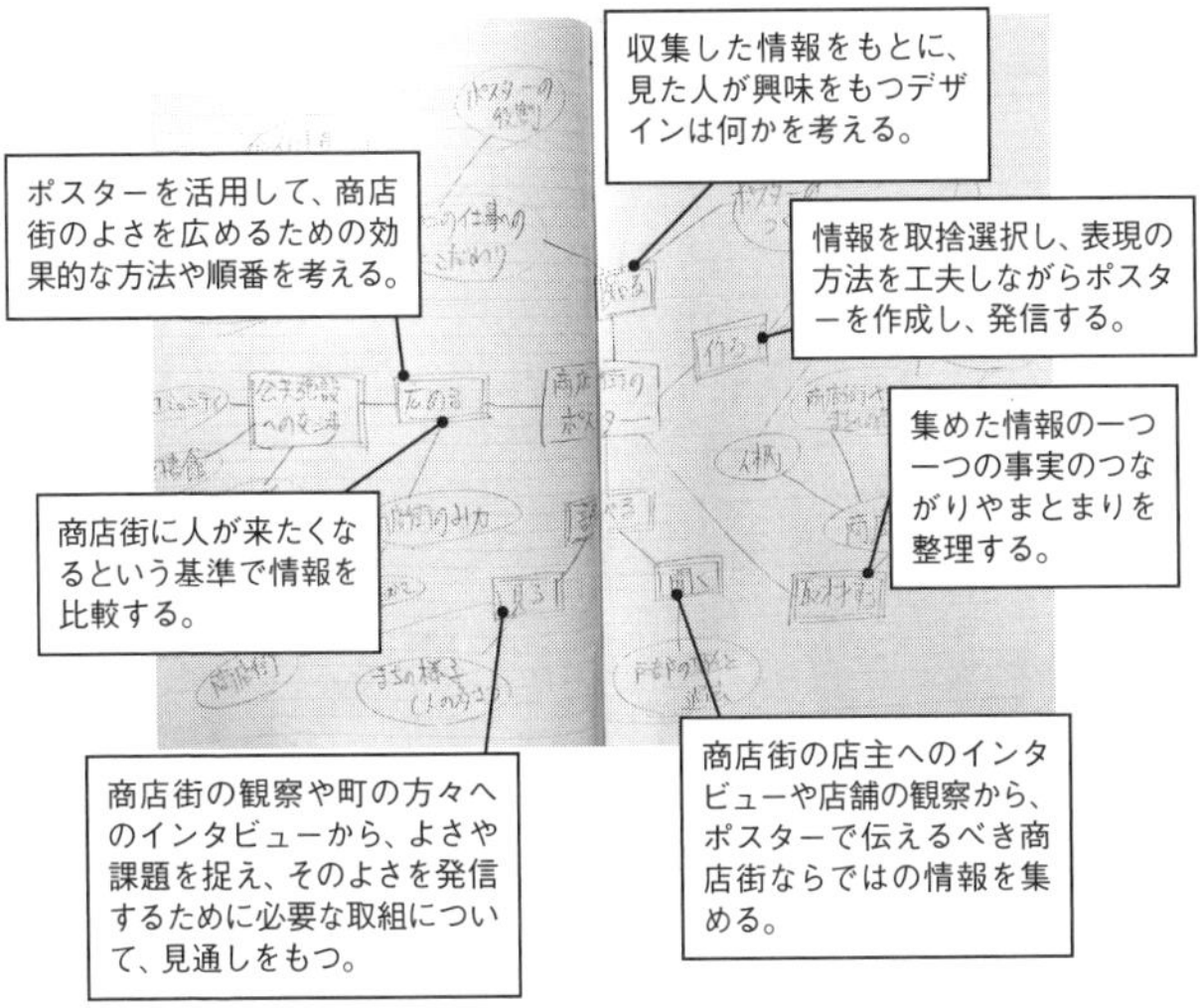

思考力、判断力、表現力等

- 商店街の観察や町の方々へのインタビューから、よさや課題を捉え、そのよさを発信するために必要な取組について、見通しをもつ。
- 商店街の店主へのインタビューや店舗の観察から、ポスターで伝えるべき商店街ならではの情報を集める。
- 集めた情報の一つ一つの事実のつながりやまとまりを整理し、商店街に人が来たくなるという基準で情報を比較する。
- 収集した情報をもとに、見た人が興味をもつデザインは何かを考え、情報を取捨選択し、表現の方法を工夫しながらポスターを作成し、発信する。

（3）育成を目指す資質・能力の設定

ウェビングマップでの分析が終わったら、最後に「育成を目指す資質・能力の設定」を行います。具体的にやるべきことは、これまでのウェビングマップで分析した内容を「育成を目指す資質・能力」の三つの柱で整理していく流れとなります。

「①思考力、判断力、表現力等の視点でできるようになることを考える」ときに作成したウェビングマップをもとにして、「思考力、判断力、表現力等」を考えます。実際に整理したものが、資料6です。

次に、「②知識及び技能の視点で感じ取ってほしいことを考える」ときに作成したウェビングマップをもとにして、「知識及び技能」を整理します（資料7）。

最後に「③探究的な学習活動のまとまりを考える」際に作成したウェビングマップをもとにして、「学びに向かう力、人間性等」を整理します（資料8）。

このようなプロセスを経ることで、「商店街のポスター」という学習材についての資質・能力の三つの柱を整理することができました。

総合的な学習の時間に限ったことになりますが、資質・能力の三つの柱でまとめる際の注意点を私なりに簡潔にまとめると、次のようになります。

○「知識及び技能」について：
「個別的で事実的な知識」と「概念的知識」の両方を意識して整理する。
○「思考力、判断力、表現力等」について：
探究的な学習における「課題の設定」「情報の収集」「整理・分析」「まとめ・表現」の過程を意識して整理する。
○「学びに向かう力、人間性等」について：
「自分自身に関すること」「他者や社会との関わりに関すること」の両方の視点を意識して整理する。

また、繰り返しになりますが、育成を目指す資質・能力に関しては、単元が進む中で見直しをすることが大切です。子供たちと共に学習をつくっていくので、もしかすると当初の予定から関わる対象が変わる可能性があります。対象が変われば、学ぶ内容や育成を目指す資質・能力も当然変わります。大切なのは一度作成したから終わりではなく、**その都度よりよいものを求めて改善を加えていくというスタンス**です。

資料7 「知識及び技能」を整理

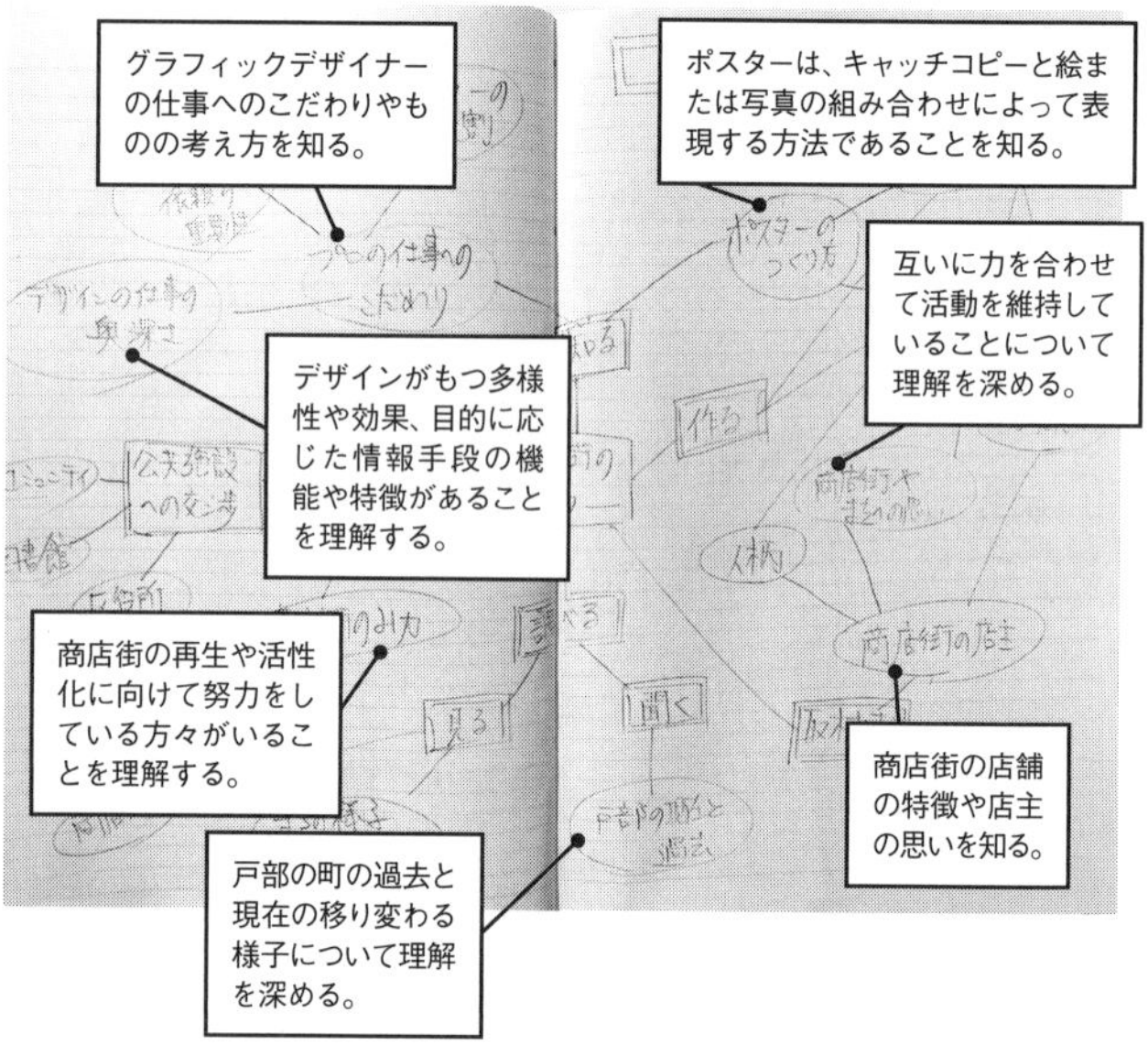
グラフィックデザイナーの仕事へのこだわりやものの考え方を知る。

ポスターは、キャッチコピーと絵または写真の組み合わせによって表現する方法であることを知る。

互いに力を合わせて活動を維持していることについて理解を深める。

デザインがもつ多様性や効果、目的に応じた情報手段の機能や特徴があることを理解する。

商店街の再生や活性化に向けて努力をしている方々がいることを理解する。

商店街の店舗の特徴や店主の思いを知る。

戸部の町の過去と現在の移り変わる様子について理解を深める。

知識及び技能
・商店街の店舗の特徴や店主の思いを知る。 ・グラフィックデザイナーの仕事へのこだわりやものの考え方を知る。 ・商店街の再生や活性化に向けて努力をしている方々がいること、また互いに力を合わせて活動を維持していることについて理解を深める。 ・デザインがもつ多様性や効果、目的に応じた情報手段の機能や特徴があることを理解する。

資料8 「学びに向かう力、人間性等」を整理

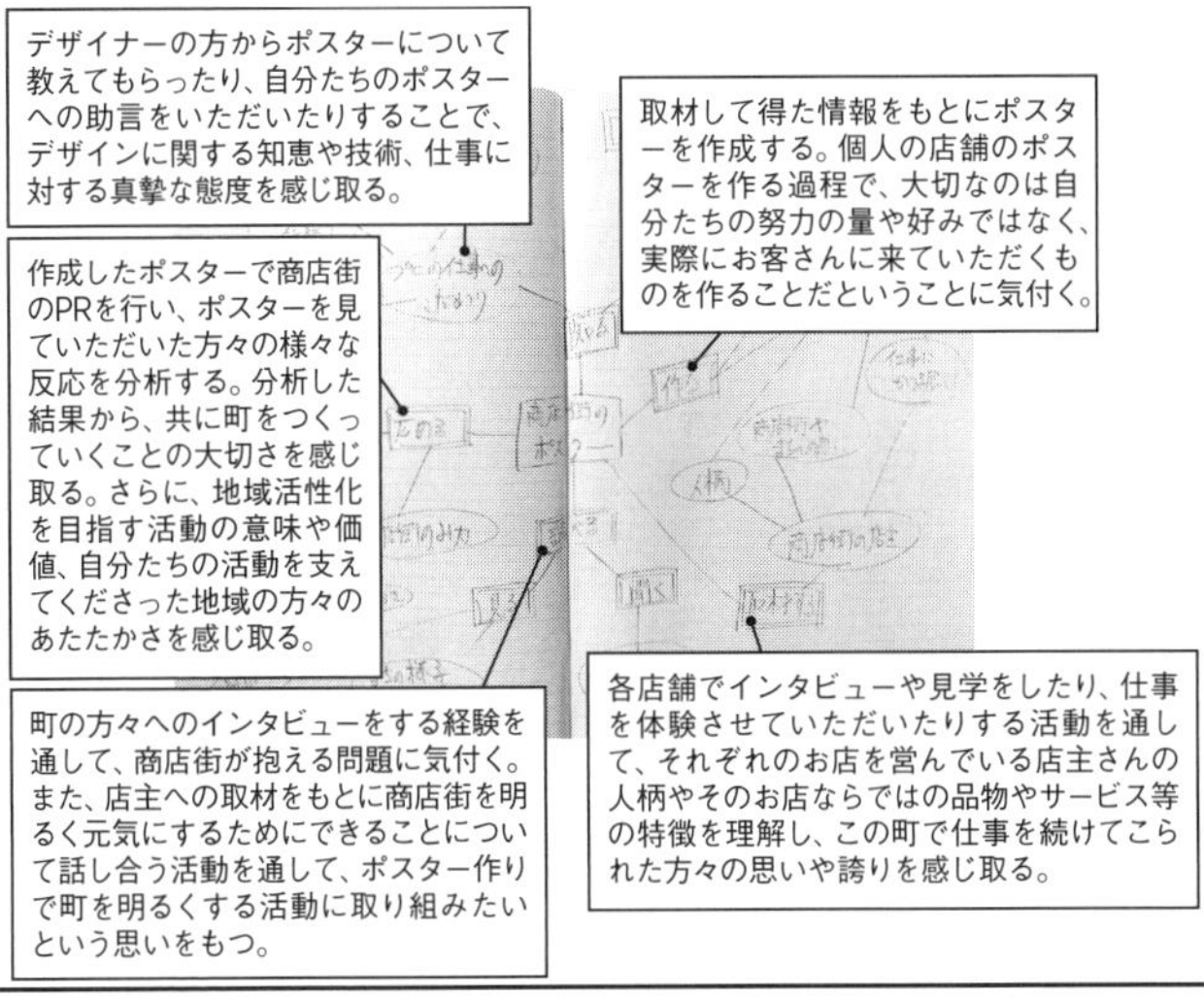
デザイナーの方からポスターについて教えてもらったり、自分たちのポスターへの助言をいただいたりすることで、デザインに関する知恵や技術、仕事に対する真摯な態度を感じ取る。

取材して得た情報をもとにポスターを作成する。個人の店舗のポスターを作る過程で、大切なのは自分たちの努力の量や好みではなく、実際にお客さんに来ていただくものを作ることだということに気付く。

作成したポスターで商店街のPRを行い、ポスターを見ていただいた方々の様々な反応を分析する。分析した結果から、共に町をつくっていくことの大切さを感じ取る。さらに、地域活性化を目指す活動の意味や価値、自分たちの活動を支えてくださった地域の方々のあたたかさを感じ取る。

町の方々へのインタビューをする経験を通して、商店街が抱える問題に気付く。また、店主への取材をもとに商店街を明るく元気にするためにできることについて話し合う活動を通して、ポスター作りで町を明るくする活動に取り組みたいという思いをもつ。

各店舗でインタビューや見学をしたり、仕事を体験させていただいたりする活動を通して、それぞれのお店を営んでいる店主さんの人柄やそのお店ならではの品物やサービス等の特徴を理解し、この町で仕事を続けてこられた方々の思いや誇りを感じ取る。

学びに向かう力、人間性等

- 商店街のよさが伝わるポスターを目指し、友達と協力して取材や編集を繰り返し行い、よりよい作品を作り続けようとする。
- 商店街の方々の暮らしや立場を理解し、積極的に関わりながら、自分たちの住む戸部の町「ならでは」の魅力を追究しようとする。
- 商店街のよさが伝わるポスターを目指して活動してきた学習過程を振り返り、商店街の方々と共に町のために活動する意味や価値、自身の成長を自覚する。
- ポスター作りをすることで、商店街の活性化に役立つことができたことに気付き、戸部の町の一員として、町の活性化のために継続してできることを考え続けようとする。

視点2　小単元レベル

（1）通過地点をクリアに描く

単元で育成を目指す資質・能力は、単元を学んでいった先に目指す子供の姿に他なりません。しかし、これだけでは十分ではありません。ぜひ、小単元レベルでも資質・能力を設定してもらいたいと思います。

小単元とは、総合的な学習の時間における一〇～一五時間の探究のプロセスの一まとまりのユニットだと考えてもらうとよいです。例えば、全七〇時間の単元ならば、四つから五つの小単元で構成されていることになります。

図4に表したように、単元レベルで設定した資質・能力は単元のゴールとして目指す姿となります。そのゴールにたどりつくまでの通過地点を小単元レベルでの資質・能力と考えてもらうとよいかと思います。

ではなぜ、この通過地点とも言える小単元レベルでの資質・能力の設定が必要となるの

図4 「通過地点」としての小単元

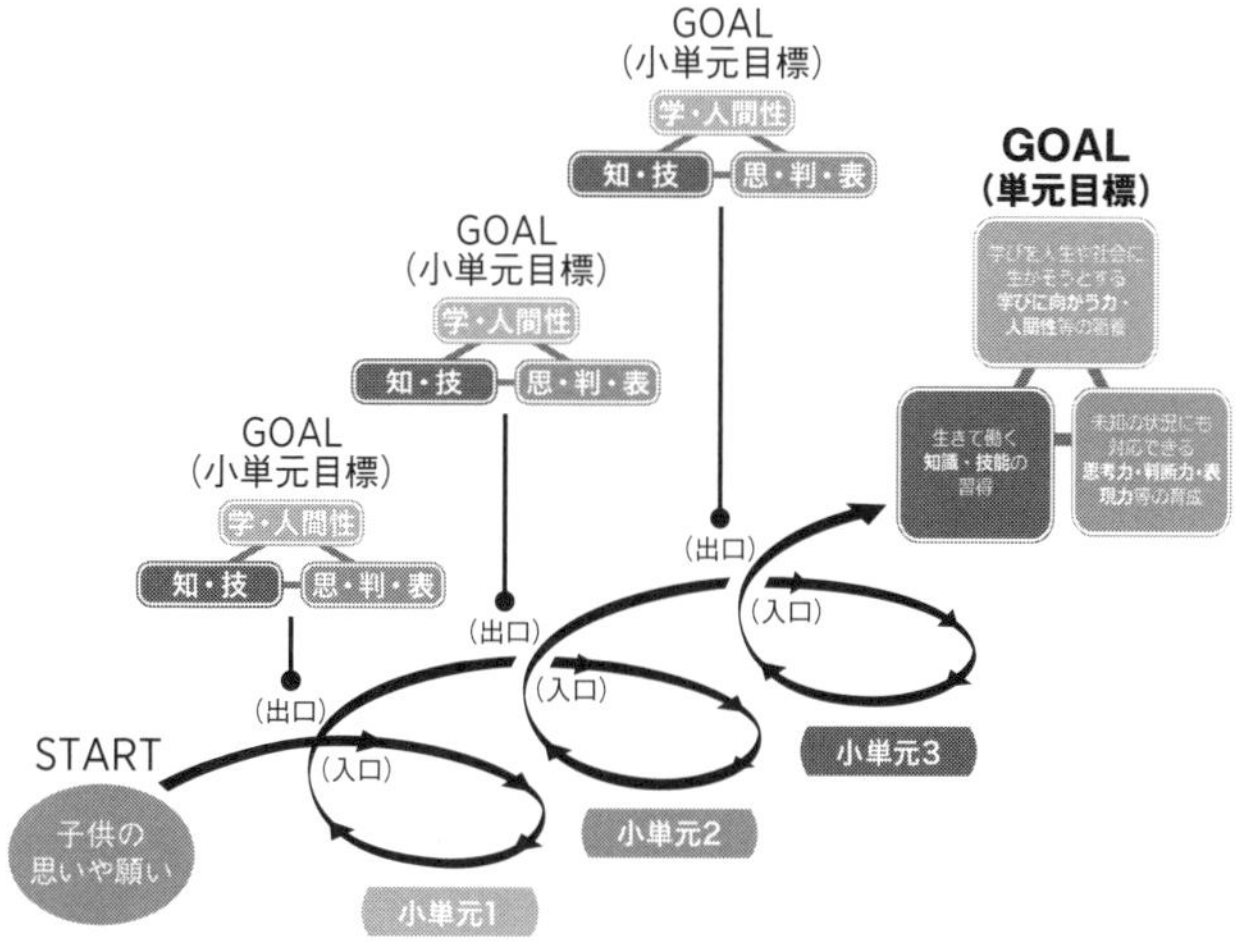

通過地点としての小単元レベルでの資質･能力の蓄積によって、
単元レベルで設定した資質･能力にたどりつく

でしょうか。

私たちの日常生活をイメージしてもらえばよく分かります。例えば、一年間で「一二キロのダイエットをしよう！」と目標を立てたとしましょう。あなたは、この目標設定で一年後に一二キロのダイエットを成功させることができるでしょうか。私は、きっとこの壮大な目標を達成することはできません。最初の一か月は頑張れたとしても、中だるみをしたり、「次の月に頑張ればいいや」と先延ばしにしたりして、挫折してしまう可能性大です。

私がこの目標を本気で達成させようとするならば、短期的な目標を立てると思います。まずは、一か月で一キロ、次の一か月で一キロ、というように毎月一キロの減量を積み重ねていくことで一二か月後に一二キロを達成するというような目標です。

このことは学習活動にも当てはまります。相当に熟達した授業力をもつ教師ならば、単元の資質・能力を設定することで、常にそれを意識しながら学習を進めていくことができるかもしれません。しかし、これは現実的ではありません。短期的な目標を示さずに、長期的な学習活動の中でしっかりと成果を出すことは、とても難しいことなのです。

ということは、逆説的に考えると**短期的な目標をこまめに設定することによって、単元**

のゴールにたどりつくことができる可能性を格段に上げることができるのではないでしょうか。また、日々の学びが学習者中心になっていくほど、違う道を通ったり、途中で少し寄り道をしたりする場面に直面します。その際にも、通過地点とも言える短期的な目標がはっきりとしていれば、慌てずに適切な手立てを講じて、子供たちと共に望ましい方向へと学習を進めることができる可能性が高まります。

(2)「小単元で育成を目指す資質・能力」を設定する手順

では、「小単元で育成を目指す資質・能力」は、どのように設定していくとよいのでしょうか。私は、おおよそ次のような手順を考えています。

①単元全体を見通して小単元の配列を考える
②小単元の学習活動の流れを考える
③小単元で育成を目指す資質・能力を設定する

①単元全体を見通して小単元の配列を考える

まずは、ウェビングマップをもとに構想した五つの学習活動のまとまり（資料5）をどんな順序で並べたらよいのか考えていきます。図5のように、小単元の順番を決めていく際に大切なポイントは、二つあります。

一つめのポイントは、知識の習得から活用・発揮へと学習活動が発展していくように小単元を配列することです。図6にその流れを示しています。

まずは、①五グループに分かれて、同一の店舗のポスターを作成するようにしました。ここでのねらいは、共通の題材をもとに基礎的な知識及び技能を習得することにあります。次に、②五グループで五店舗のポスターを作る活動を行いました。ここでのねらいは、知識・技能を実際の場面で活用・発揮することにあります。

さらに、③全員で商店街全体のポスターを一枚作成しました。個々が学んだ知識や技能をもとに議論を進めながら、全員で問題解決を行うことがねらいです。

二つめのポイントは、子供にとって**無理のないストーリーになっているかどうか**を確かめながら配列を考えることです。

やり方は、とてもシンプルです。子供たちと一緒に考えてしまえばよいのです。まず、子供たちに**自分たちの目的を達成するために必要だと思う活動**を、どんどん挙げてもらい

図5　小単元の配列を考える

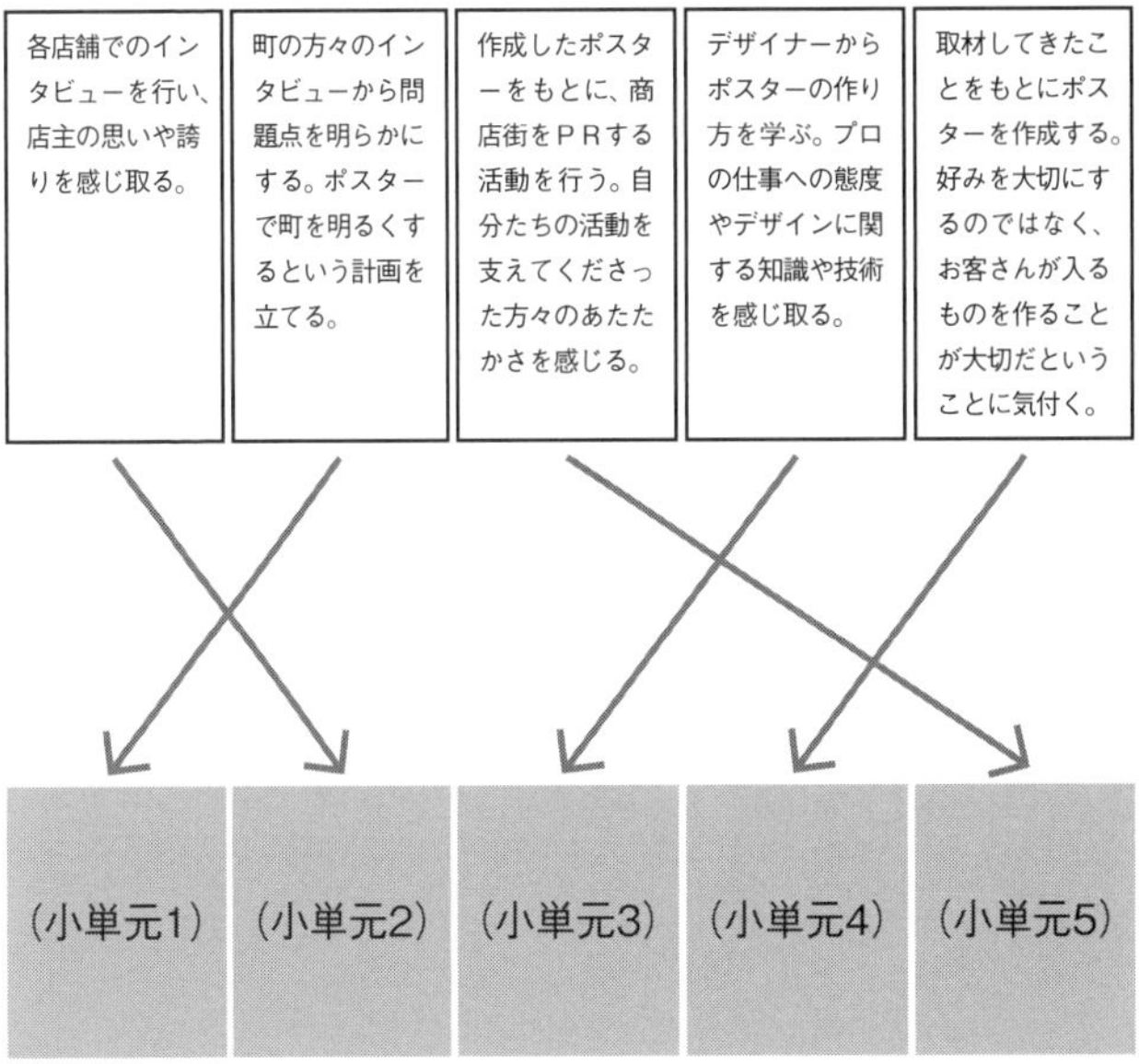

ウェビングマップをもとに構想した学習活動のまとまり（小単元）を並べ替える

ポイント

①知識の「習得」から「活用・発揮」へと学習活動が発展していくように配列する

②子供にとって「無理のないストーリー」になっているか確かめながら配列する

ます。その後に、そこで挙がった活動をグループ化し、**はじめ・なか・おわり**を意識して順序を決めていきます。写真4のように、できる限り子供の意見を聞きながら、子供の手で順番を決めていくことを大切にしています。

ここで重要なことは、一つめのポイントでやったように「教師は事前にある程度の学習活動の順番は見通しておくこと」と、「教師自身が適切に子供たちの話し合いに加わりながら順序を決めていくこと」の二つです。

こういった手順で学習活動の流れを考えていくと、子供たちは教師が考えつかないような活動を提案することが少なくありません。しかし、そのような場合も決してその**発言を切り捨ててはいけません**。板書上に、しっかりと位置付けておきます。実際に活動が進む過程で、本当にその活動が必要かどうかを話し合う機会をもてばよいのです。自分たちの活動の最終的な目的を実感してきている子供たちは、ある程度学習が進んだ時点で、適切な判断をすることができるはずです。そうして子供たちが選び取った活動は、責任をもって行うことも、子供との信頼関係を大切にする上で忘れてはいけないことです。

② 小単元の学習活動の流れを考える

単元をいくつかの小単元に分け、順序を決めることができたら、次は小単元の学習活動

図6 「習得」から「活用・発揮」の小単元配列

習得

①5グループで1店舗のポスターを作る
（共通の題材で基礎的な知識及び技能を習得）

②5グループで5店舗のポスターを作る
（知識及び技能を実際の場面で活用・発揮）

③全員で商店街全体のポスターを作る
（より難易度の高い場面で知識及び技能を活用・発揮）

活用・発揮

写真4　子供たち自身が小単元を配列する

「はじめ・なか・おわり」を意識し順序化

・子供たちが目的を達成するために必要だと思う活動を出す。

・出された活動をグループ化し、はじめ・なか・おわりの順で並べかえる。

・子供の発言は切り捨てず、活動がある程度、進んだ時点で、再度、見直す機会をもつ。

写真5　子供たちと学習活動の流れを考える

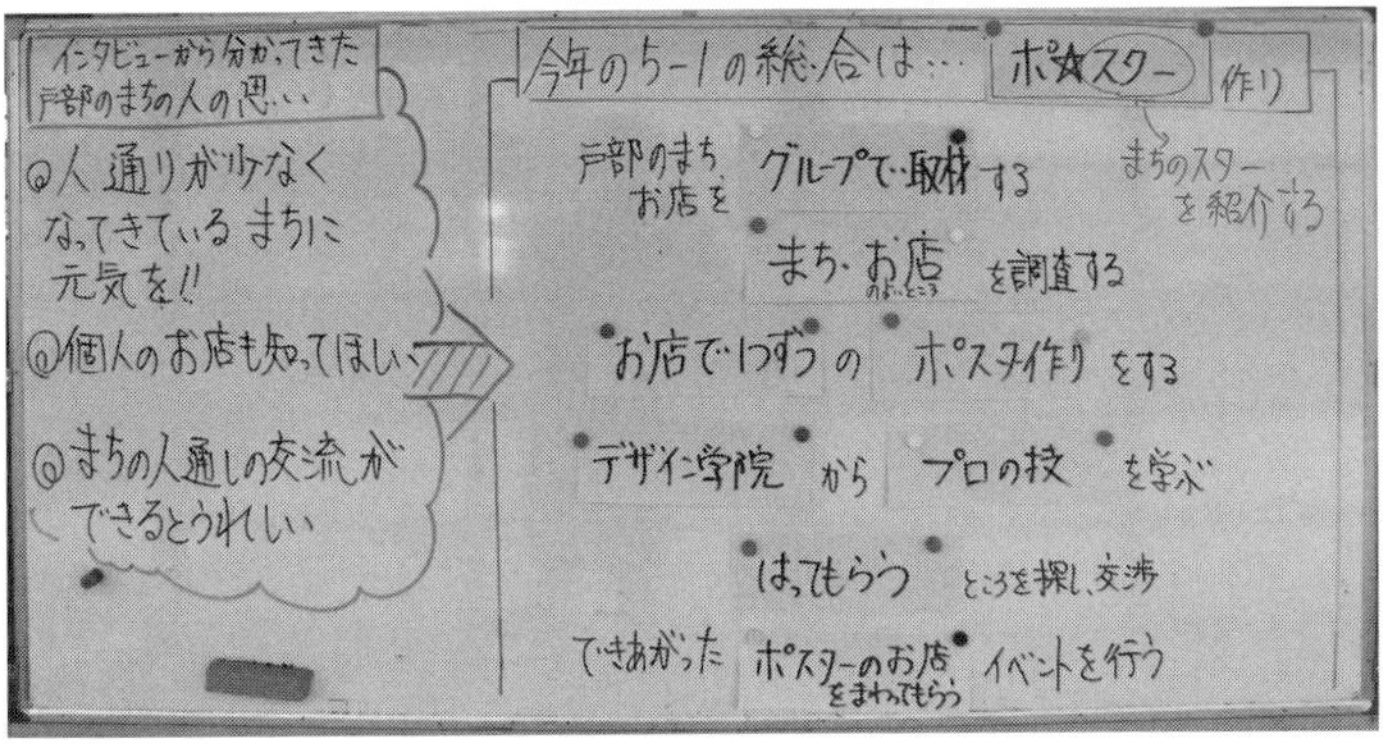

「課題の設定」「情報の収集」「整理・分析」「まとめ・表現」を
意識して主な活動を整理する

・インタビュー等の手法で明らかになった課題を明示する。

・主となる活動を一文で表す（例：「5－1の総合はポスター作り」）。

・活動の順序を探究のプロセスを意識して、子供たちと整理する。

の流れを考えます（写真5）。小単元（一〇～一五時間からなるユニット）の流れを精緻にイメージすることによって、小単元の終わりにはどんな姿になっていてほしいのかを具体的に考えることが可能となります。

実際にポスター作りの実践の小単元5では、資料9のように学習活動の流れを考えました。総合的な学習の時間では、**「課題の設定」「情報の収集」「整理・分析」「まとめ・表現」**の一連の学習過程があるかどうかが小単元の学習活動の流れを考える際の指標となります。

もっとくだけた言い方をすると、小単元のはじめは**「～は～だろうか？」という問いで始まり、最後に「～は～だった。だから、次は～をしたい」と終わるような流れ**になっていることを私は意識しています。

③小単元で育成を目指す資質・能力を設定する

小単元の学習の流れが設定できたら、いよいよ小単元で育成を目指す資質・能力を設定します。小単元での探究的な学習の場面を想起しながら、資質・能力がどの場面のどんな学習で、どのような姿として実現されているかをイメージします（資料10〈A〉）。

次に文章化できた具体の姿（評価規準と同等のもの）を、資質・能力の三つの柱に位置付けていきます。

資料10〈A〉のように学習の場面に応じて、精緻に子供の姿を思い描くに越したことはありません。しかし、学校によって置かれている状況が異なるので、どこまで行うかには差があるかと思います。その場合には、資料10〈B〉のように、小単元で育成を目指す資質・能力という形でまとまりとして示すことも一つの方法だと思います。このように小単元における出口の子供の姿を三つの柱に位置付けた表で示すことにも十分意味があります。大切なのは、形式ではなく**資質・能力の育成を考えた上で、期待される子供の姿を学習の場面に即して、明確にイメージすること**です。教師自身がこのトレーニングを行うことで、一時間一時間の子供の姿をクリアにイメージできるようになっていくように思います。

他の教科等では、一時間の本時目標を明確にもち、評価規準を明確に設定することは当然の行為だと思います。総合的な学習の時間だからやらなくてよいということはないでしょう。

むしろ、各学校に任されている部分が多い総合的な学習の時間だからこそ、必要性が高いのではないでしょうか。四五分間で子供たちが何を学んだのかが分かりにくく、その時間の意味を問われてしまう授業の多くは、小単元や一時間の授業のイメージが不明瞭なこ

・5-1の私たちは写っていいのかな?「店主さんたちだけ」「5-1も入る」どちらにもよさがあるね。クラスで話し合っても決まらない。会長さんに聞いてみよう。
・会長さんは、みんなと一緒に写りたいと言ってくれたよ。5-1のみんなも一緒に町おこしをしていることをPRすることに意味があるんだね。
・キャッチコピーは「大好きだ! 未来につなごう笑店街」に決まったよ。さぁ、学習発表会で商店街のPRをしよう。

4 ポスターで商店街に行きたいと思ってもらえたのか

2時間

商店街に行きたいと思ってもらえたのかどうか話し合う。

・実際に足を運んでくれた人もいたらしいよ。
・「笑顔広がれ! とべまちポスター」大成功! と言ってもいいのかな。いや、まだやることはあるよ。
・本当にお店に行ったかどうか調べてみるといいと思う。
・調べる必要はないと思う。ポスターはすぐには効果が出るものではないよ。大切なのは、これからも商店街を大切にすることなんじゃないの。
・最後は全体ポスターを店主さんたちにお渡ししたいね。

5 商店街のポスターを戸部の町の方々にお渡ししよう

3時間

完成したポスターをお渡しして、活動を振り返る。

・出来上がったポスターをお店に届けよう。
・商店街の会長さんが「絶対にお店を続けるよ」って言ってくれてすごく感動した。
・ここまで活動を進めることができたのは「店主のみなさんやデザインの先生の支えがあったから」だと思う。
・だからこそ、これで終わりではなく、これからも戸部の町のために、自分たちができることを考えていきたい。

資料9　小単元の学習活動の流れ

小単元5　商店街全体の魅力を伝えよう　全15時間

1 最後の活動の計画を立てよう　2時間

学習発表会に向けて活動の計画を立てる。

- 学習発表会ではこれまで作ったポスターで、商店街の魅力を伝えたい。作ったポスターを見てもらい、商店街に行きたいと思ってもらえたかどうかアンケートで聞きたい。
- これから仕上げる商店街全体のポスターについても見てもらった方々からいただいた意見を生かして、本当に商店街に来てもらえるようなポスターにしたい。
- 商店街全体のポスターはこれまでの経験を生かして、①町の方々への取材、②ラフスケッチ決定、③キャッチコピー決定、の順番で進めよう。

2 町の方々、店主のみなさんの思いを聞こう　3時間

グループで担当のお店の取材をする。

- 商店街を歩いている方にインタビューをしてみたら、「商店街なんかないでしょ」というびっくりする答えが返ってきたよ。店主さんたちからは、「代々続けている歴史や人とのつながりが頼りだ」という意見をもらったよ。
- 商店街の現状や問題点が見えてきた。商店街がもっている本当のよさを全体のポスターで伝えたい。

3 商店街全体ポスターのラフスケッチやキャッチコピーを決めよう　5時間

ラフスケッチ、キャッチコピーについて話し合う。

- それぞれが集めた地域や団体をPRしているポスターを見合おう。取り入れたいところを選んで話し合おう。
- 商店街の方々に集まってもらって、団結を表現したい。

まとめ・表現	・これまで自分たちが商店街で行ってきた活動や町の方々からいただいた意見をもとにして、商店街全体のポスターで発信していくべき情報について考えをまとめ、キャッチコピーや絵、写真で表現する。 <知識及び技能>　<思考力、判断力、表現力等> ・活動の初期に作ったポスターと最後に作成したポスターを比較することで、商店街の特徴を捉える視点が増えてきたことや、自分たちに問題を解決する力が付いてきたことに気付き、自分の成長を今後の活動の自信へとつなげる。 <学びに向かう力、人間性等> ・自分たちで様々な情報収集をしてポスターを作り、それをもとに町のよさを伝える活動ができたことを振り返り、デザイン学校の先生や地域の方々によって活動が支えられていたことに気付き、これからも戸部の町で自分のできることを続けていこうとする。 <学びに向かう力、人間性等>

〈B〉「小単元で育成を目指す資質・能力」という一定のまとまりとして設定する

知識及び技能	思考力、判断力、表現力等	学びに向かう力、人間性等
商店街は、個性ある店主の方々の思いに支えられていて、商店街を存続させたいという共通の思いで成り立っていることを理解する。	商店街のポスターのデザインに対する「店主のみ写る」のか「店主と自分たちが写るのか」について、自分の主張と比較しながら聞き、共感できる部分や自分の考えと異なる部分を見付ける。	町のよさを伝える活動ができたことを振り返り、デザイン学校の先生や地域の方々によって活動が支えられていたことに気付き、これからも戸部の町で自分のできることを続けていこうとする。

資料10　「育成を目指す資質・能力」を小単元で設定

〈A〉探究的な学習の場面に促して設定する

課題の設定	・それぞれのお店の店主さんとの関わりから、商店街ならではのよさをポスターで表現したいという学級としての思いをもつ。 <学びに向かう力、人間性等> ・店主や町の方々へのインタビューから、戸部の町の商店街の方々が本当に望んでいることは何か、自分たちがポスターで伝えるべきことは何かを明確にし、ポスター作りの計画を立てる。 <思考力、判断力、表現力等>
情報の収集　整理・分析	・商店街の特徴を見付けるという目的をもって、戸部の町の方々や店主さんたちに聞きたいことを質問事項として整理し、インタビューをしたり、写真を撮ったりして「ならでは」の情報を集める。 <思考力、判断力、表現力等> ・商店街のポスターに「店主のみ写る」のか「店主と自分たちが写るのか」について、自分の主張と比較しながら聞き、共感できる部分や自分の考えと異なる部分を見付ける。 <思考力、判断力、表現力等> ・学級の中で互いの得意な分野を生かして役割分担を行い、商店街に来てもらうという目的に向けて協力して、ポスターを使ったPR活動を行う。 <学びに向かう力、人間性等> ・自分たちが作ったポスターで、商店街に行ってみたいと思ってもらうことができたか話し合い、自分たちの活動の意味やポスターがもつ価値を分析する。 <思考力、判断力、表現力等>

とが原因として考えられます。

資質・能力は、一時間の授業で身に付いたかどうかを判断できるものではないでしょう。いくつもの学習経験を重ね、じっくり育成されていくものです。だからこそ、小単元のレベルで到達目標を明確にし、子供と共に学習を着実に積み重ねることで、子供たちは結果的に資質・能力を確かに身に付けていくことができるのではないでしょうか。

視点3 本時レベル

(1) 四五分間の出口の姿をイメージする

「教師は、授業で勝負」。

教師をしている方なら、一度はどこかで耳にしたことがある言葉ではないでしょうか。確かにそのとおりで、子供たちが育つ現場が四五分間の授業と言えるでしょう。

視点2で考えてきた小単元とは、四五分間の授業の集合体のことです。ですから、その一つ一つが充実していればいるほど、小単元の学習活動が意味をもち、資質・能力も確かに育成されていくと考えることができます。

そうすると、私たちが次になすべきミッションは、四五分間で育成を目指す資質・能力を設定することだと分かってきます。しかし、やはり気を付けたいのは、資質・能力とは四五分間の授業ですぐに育成することができるものではないという捉えです。

「未知の問題を解決することができる力」が四五分間で身に付くとは考えにくいでしょう。充実した日々の学びの積み重ねによって、じっくりと子供たちが身に付けていくことができる力に違いありません。

では、本時レベルで考えた場合には、どのような形で設定していくとよいのでしょうか。私は、「本時目標」で、子供たちの学びの姿を具体的にイメージしていくことをおすすめします。

本時目標とは、その授業の到達目標であり、四五分間の授業を終えた出口での子供の姿を明文化したものだからです。そこで、本時レベルで資質・能力を考えていく際には、本時目標という形で、四五分間の学習活動を通した子供の育ちを明確にイメージすべきだと考えています。

（2）「本時目標」を設定する手順

本時目標を設定する際、まず確認しておきたいのは、授業づくりにおけるスタンスについてです。四五分間の入り口の子供の姿から、授業を終えた出口の子供の姿が、確実に変化のある授業を目指すというスタンスがなければ、本時目標を設定する意味がなくなってしまいます。

四五分間の授業が力をもち、意味のある授業として存在価値をもつためには、その授業での学びを通して、着実に子供が新たな知識を得て、望ましい方向へと変わっている必要があります。なので、総合的な学習の時間における本時目標とは、

「～の活動を通して、～に気付き、～しようとする」

という形で、四五分間を通して子供に気付きがあり、望ましい方向へと変容した姿として書き表していくようにしています。

この書き方の特徴は①「～の活動を通して」で、**一時間の授業における学びのプロセス**を明確にします。また、②「～に気付き」で、**一時間で得る新たな知識**を明確にします。最後に③「～しようとする」で、この学びを通して**子供がどんな思いをもつことができる**

のかを明確にします。

このような書きぶりにすることで、学習のプロセスを伴って、子供の授業における出口の姿を端的に表現することができるようになります。

実際に、本時目標を設定する方法には様々なやり方があるとは思いますが、私は、おおよそ次のような手順で設定しています。

①「小単元の流れ」「小単元で育成を目指す資質・能力」を把握する
②本時の流れをイメージする
③ずれがないかチェックする

①「小単元の流れ」「小単元で育成を目指す資質・能力」を把握する

まずは、資料9「小単元の学習活動の流れ」を用いて、小単元全体における本時の位置を確認します。今回は、例として小単元の一一～一二時間目の「④ポスターで商店街に行きたいと思ってもらえたのか」という場面を例にして考えていきたいと思います。

次に、資料10「『育成を目指す資質・能力』を小単元で設定」をもとに、本時の授業においてどんな資質・能力の育成を目指しているのかを確認します。この際に、「A　探究的な学習の場面に即して設定する」を準備している場合には、そちらを手がかりとすることができます。

ここでの重要なポイントは、資質・能力の三つの柱において、どこに絞って授業を行っていくのか、**重点をかけるポイント**を教師自身が明確にしておくことです。

授業の子供たちの学びを詳しく分析すれば、必ず三つの柱のどれにも関わる姿を見付けることができると思います。しかし、四五分間の授業づくりを行う場合には、ターゲットを広くしすぎることで、手立ても散漫になってしまう可能性があるので、私は三つの柱のうちどれか一つに絞ることをおすすめしています。

②本時の流れをイメージする

小単元における育成を目指す資質・能力が確認できたら、それをもとにして、まずゴールとしての本時目標を設定してみます。

「ポスターを見ていただいた方々のアンケートを根拠に、自分たちの作ったポスターで商店街に行きたいと思ってもらえたかを話し合う活動を通して、自分たちの活動の意味やポ

資料10より抜粋

課題の設定	・それぞれのお店の店主さんとの関わりから、商店街ならではのよさをポスターで表現したいという学級としての思いをもつ。 <学びに向かう力、人間性等> ・店主や町の方々へのインタビューから、戸部の町の商店街の方々が本当に望んでいることは何か、自分たちがポスターで伝えるべきことは何かを明確にし、ポスター作りの計画を立てる。 <思考力、判断力、表現力等>
情報の収集	・商店街の特徴を見付けるという目的をもって、戸部の町の方々や店主さんたちに聞きたいことを質問事項として整理し、インタビューをしたり、写真を撮ったりして「ならでは」の情報を集める。 <思考力、判断力、表現力等> ・商店街のポスターに「店主のみ写る」のか「店主と自分たちが写るのか」について、自分の主張と比較しながら聞き、共感できる部分や自分の考えと異なる部分を見付ける。 <思考力、判断力、表現力等>
整理・分析	・学級の中で互いの得意な分野を生かして役割分担を行い、商店街に来てもらうという目的に向けて協力して、ポスターを使ったPR活動を行う。 <学びに向かう力、人間性等> ・自分たちが作ったポスターで、商店街に行ってみたいと思ってもらうことができたか話し合い、自分たちの活動の意味やポスターがもつ価値を分析する。 <思考力、判断力、表現力等>

スターの価値に気付き、これからも自分たちにできることを続けていこうとする」というように、大まかに本時目標をつくってみました。

次に、本時の学習活動の流れを考えていきます。

この際に大切にしたいポイントは三つです。

授業前：本時を迎える前の子供たちはどんな様子なのか
授業後：振り返りでどんな内容を子供が書くことを期待するのか
授業中：どんな学習活動を通して、気付きを深めていくのか

本時の流れを考える際には、主に**「授業前」「授業後」「授業中」の子供の姿**をイメージしながら、どんな流れにすべきかを構想していくとよいでしょう。

まず、子供たちが授業の前に何を経験していて、そこからどんな思いや願いをもっているのかを事前に書いた振り返り等をもとにつかみます。子供の思いや子供のストーリーとの乖離《かいり》を少なくするために、絶対に必要な工程です。可能であるのならば、座席表等を用

いて、子供たちの現在の思いや考えを可視化しておくことが理想です。

次に、授業後にどんな姿になっていてほしいかをイメージします。具体的には、振り返りで子供たちがどんな内容を書くことができることを望んでいるのかを明文化できるとよいです。もちろん発言や行動からも子供たちの変容を見とることはできます。しかし、発言や行動等の動的なものを授業中にとりこぼさずにキャッチすることには限界があります。そこで、振り返りに書く記述として、授業後にどんな考えをもってほしいのかを教師が想定することを推奨しています。


最後に、授業中にどのような学習活動を主たる活動として位置付けていくのかを考えていきます。この授業では、主に「自分たちの活動の意味や価値に気付く」ことを狙っていたので、授業前半では「アンケートを分析した結果を拡散的に話し合う」活動を設定しました。さらに、授業後半では、自分たちの活動の意味を捉え直すために「ポスターを見た人が本当にお店に来ているかどうかを確認するべきか」を話し合う活動を想定することにしました（※より詳細な展開については二五五ページ以降でも述べている）。

「授業前」「授業後」「授業中」の三つは時系列で示すこともできますが、順番を意識するというよりは、行きつ戻りつしながら、より子供にフィットしたものに調整していくことが重要です。

③ずれがないかチェックする

最後に授業前の子供の思いや授業展開、設定した本時目標にずれがないかをチェックします。

本時目標とは、それだけが単独で存在するものではありません。最も具体性の高い到達目標として、子供の思いや学習展開を伴って設定されたものであることが重要です。

そこでまず、重要なチェックポイントは、子供の思い（本当にやりたいことや考えたいこと）と授業展開にずれがないかを確認します。次に、事前に設定した本時目標と授業展開との間にずれがないかをチェックします。想定した授業展開で、本当に子供たちが気付いたり、思いを高めたりすることができるのかをもう一度考えます。そうした調整を経て、完成した指導案が資料11となります。

ここで、確認しておきたいのは本時の目標を設定したからと言って、必ずしもそのとおりに授業を行うわけではないということです。到達目標を設定してしまうと、どうしてもそこに引っ張りたくなってしまうのが、教師です。ですが、確固たる到達目標を自分の中でもちながらも、四五分の授業では子供の思いに沿って、臨機応変に対応していくことが求められます。

授業で教師が「あれもいいな」「これもいいな」という感覚のまま、子供たちの前に立ってしまうと授業がブレてしまい、共に這い回ってしまう原因となります。だからこそ、一定のゴールとして本時目標を設定しておくことには大きな意味があるのです。

②ポスターを見た人が本当にお店に来ているかどうかを確認するべきかどうかについて話し合う。

発問:「これからポスターを見てくださった方々が本当にそれぞれのお店に来たのか確認する必要はあるのだろうか」

確認する	確認しない
●ポスターで実際にそれぞれのお店にお客さんが来るようになったのかを実際に知ることができる。 ●デザイン学校の先生は、お店に人が来るところまでがプロの仕事だと教えてくれた。 ●自分たちが始めた活動に最後まで責任をもつことができる。	○お客さんが来るまでには時間がかかるもの。 ○ポスターは、じっくりと効果が出て、その効果が続いていくもの。 ○ポスターを見てくれた人たちは「行く」と言ってくれている。 ○残りの1か月間でやることは、数を数えることではなく、見てくれる人を増やすことだと思う。

③学習の振り返りを書く。

・数を数えることは、悪いことではないけれど、今やるべきことではないと思った。ポスターはすぐに効果が出るものではなく、効果がじっくりと出てくるもの。だから、残りの1か月でもっとたくさんの人に見てもらえる方法を考えていきたい。

④次時の活動について確認する。

＜次時＞これからのまとめの活動について話し合う。

☆子供の発言を全員で共有し、意図を把握することができるように発言内容を可視化し、その言葉が何を伝えようとしているのかを個々で考える時間をとる。

☆ポスターを見た人が本当にお店に来ているかどうかを確認するべきかという問題について考えることができるように、3人組でホワイトボードを用いて話し合う時間をとる。

★自分たちの活動の成果について話し合い、アンケートやこれまでの活動を根拠にして、商店街をPRする活動が成果を収めることができた理由やこれからの活動について考えている。
【発言・学習カード】

資料11　本時の展開

本時目標

学習発表会でいただいたアンケートの言葉やPR活動の際のお客さんの様子をもとに、商店街に行ってみたいと思ってもらうことができたかについて話し合うことを通して、自分たちの活動の意味やポスターがもつ価値を見つめ直し、ポスターで商店街を活性化するための最終的な活動への意欲を高める。

自分たちが作ったポスターで商店街に行きたいと思ってもらうことはできたのだろうか。

予想される子供の活動と反応	★評価規準 ☆手立て
①とべまちポスターで商店街に行きたいと思ってもらえたかどうかを、アンケートの記述や活動中に経験した事実を根拠にして話し合う。 【思ってもらえた】 「物を買いたい」→自分たちの説明で興味をもってもらうことができた。 「安心して買い物ができる」→便利さをポスターで伝えることができた。 「この店どこにあるの？」→本当に行きたいと思ってもらえたから聞いている。 「人柄がにじみ出ている」→店主さんの思いやすばらしさを伝えることができた。 「知らなかったけれど、行きたい」→自分たちのポスターで新しい気付きをもってもらえた。 「順番にお店を利用したい」→それぞれのお店の特徴が伝わっている。ポスターの力のすごさだ。 ↓ ポスターの内容がしっかりと伝わって、行きたいと思ってもらえた。だけど、ポスターを見た人が本当にお店に行ったかどうかを調べてみたいと思った。	☆黒板で子供の発言を整理する際に、多くの子供たちが達成感を感じ、自分たちの目的に達することができたと感じている事実を可視化するために、発言が多い事実はアンダーライン等で強調して表すようにする。 ☆成果と課題、改善点を区別して話し合うことができるように、PMIを活用した板書でまとめていくようにする。

第３章

プロセスの精緻化

あまりにも未知な世界を前に、

私たちはどこへ行きたいのか？

それから、どう歩きたいのか。

毎日、この胸に問いかける。

プロセスの精緻化と「主体的・対話的で深い学び」

1　学びのプロセスを精緻に描く

いよいよ第三章では、明確に設定した通過地点をどのように通り、どうやってゴールまでたどりつくのかという学びのプロセス（学習過程）について考えていきましょう。

私は次のような教師の営みを、学びのプロセスを精緻に描くことであるとイメージしています。

図7　プロセスの精緻化までのフローチャート

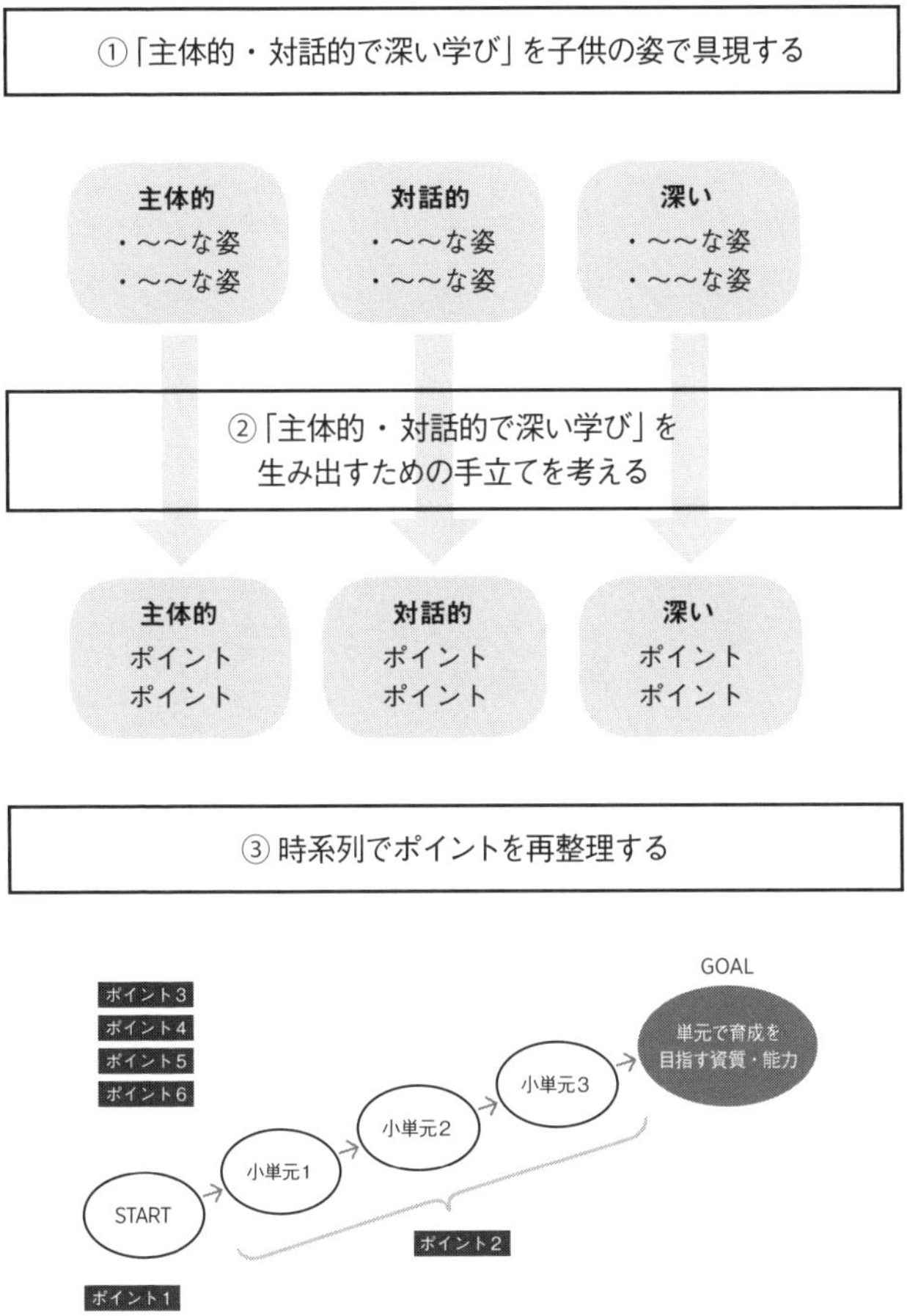

学習者である子供たちが主体となり、協働的に問題解決を繰り返す活動を通して、対象に対する理解を深めていくという一連の学習過程を詳細にデザインしていくこと

例えば、どのように学習対象と出会うのか。その際にどのような視点で対象を分析するのか、また集めた情報はどうやって集計して処理するのか、その情報をもとにどのような話し合いを行うのか、その際に焦点化される論点はどこなのか……等、子供たちの学習過程に関わる全てを詳細にデザインしていくことになるわけです。

当然、目指したい「プロセスの精緻化」の内実とは、具体性を伴っていて、より詳細な学びの過程として存在するべきなので、できる限りあいまいさは取り除いていくことが望まれます。学びのプロセスを精緻に描いていく流れを視覚的に表したものが図7です。

あいまいさを回避する上で考えたいのは、「どのように」とか「どうやって」という手段や方法に関わる部分です。個人の経験や感覚による判断基準で手段や方法を選択していくだけでは、資質・能力を育成するという視点から捉えると十分とは言えません。数限りなく存在する学習・指導方法の中から、**目の前の子供に一番フィットしていると思えるものを選び取っていく**には一定の指針や確かな視点が必要となってきます。

では、学びのプロセスを精緻に描いていく上で、具体的にどのような視点をもって、目の前の子供にふさわしい方法を選べばよいのでしょうか。

この指導方法がよいという絶対の答えがあるわけではないことは明らかです。いろいろな先生方のそれぞれのやり方があり、それは否定されるものではありません。しかし、選び取った方法が本当に資質・能力を育むことができるような学びになっているかどうかを**子供の姿からチェックするポイント**は存在します。

(1)「主体的・対話的で深い学び」という視点

選び取った学習方法が、子供たちにとって資質・能力を育成する授業のプロセスとなり得ているのかをチェックするポイントとして、**「主体的・対話的で深い学び」という視点**が機能します。

「答申」四九－五〇ページでは、「主体的・対話的で深い学び」の実現について三つの授業改善の視点から解説されています。

①　学ぶことに興味や関心を持ち、自己のキャリア形成の方向性と関連付けながら、見通

しを持って粘り強く取り組み、自己の学習活動を振り返って次につなげる「主体的な学び」が実現できているか。

② 子供同士の協働、教職員や地域の人との対話、先哲の考え方を手掛かりに考えること等を通じ、自己の考えを広げ深める「対話的な学び」が実現できているか。

③ 習得・活用・探究という学びの過程の中で、各教科等の特質に応じた「見方・考え方」を働かせながら、知識を相互に関連付けてより深く理解したり、情報を精査して考えを形成したり、問題を見いだして解決策を考えたり、思いや考えを基に創造したりすることに向かう「深い学び」が実現できているか。

この三つの授業改善の視点をよく読んでみると、学習者である子供の姿で描かれていることや子供が主語になっていることが見えてきます。「主体的・対話的で深い学び」の視点とは、**学びに向かっている子供たちの状態を三つの視点で表現しているもの**と考えることができるでしょう。

少しくだけた言い方をすると、学習方法は様々あってよいのだけれど、子供の姿としてはこの三つの視点で語られている状態となっている必要があるということなのです。

「答申」四九ページにおいて、「主体的・対話的で深い学び」とは何かという問いについて、次のように解説されています。

> 人間の生涯にわたって続く「学び」という営みの本質を捉えながら、教員が教えることにしっかりと関わり、子供たちに求められる資質・能力を育むために必要な学びの在り方を絶え間なく考え、授業の工夫・改善を重ねていくことである。

右の解説から、三つの視点で語られている姿が表出されるように学習をデザインし、積み重ねていくことにより、いよいよ資質・能力が育成される学びに近付くことができる可能性が示唆されていることが分かります。

ということは、この三つの視点を理解することによって、学びのプロセスが資質・能力が育成される学びに近付いているのかを判断することも可能になります。

一方、実践者として本当に知りたいのは、授業改善の具体的なポイントであるというのが本音です。

（2）三つの視点で学びを捉える

三つの視点の関わりについて、「答申」五〇ページでは、以下のように解説しています。

> これら「主体的な学び」「対話的な学び」「深い学び」の三つの視点は、子供の学びの過程としては一体として実現されるものであり、また、それぞれ相互に影響し合うものでもあるが、学びの本質として重要な点を異なる側面から捉えたものであり、授業改善の視点としてはそれぞれ固有の視点であることに留意が必要である。

この解説から分かるように「主体的・対話的で深い学び」は、学習の場面においてそれぞれが独立して表出される学びの姿ではありません。

すなわち、本時が主体的な学びの場面で、次時が対話的な学びの場面、そして単元の終わりが深い学びの場面であるというように、それぞれが独立して現れる様相ではなく、**学びの姿として、一体となってそこにあるもの**だということが分かります。

例えば、三年生の社会科を例にして考えてみたいと思います。自分たちが住む町についての調査を行い、絵地図を作成した上で、数枚の絵地図を比較しながら自分たちの町の特徴について話し合う場面を想像してみましょう。

○本気で課題を解決しようと願い、前のめりになって話し合いに参加する姿（主体的な学び）
○友達と協働的に調べてきた結果について話し合い、もともともっていた考えを広げ深める姿（対話的な学び）
○話し合いの過程で個別に作成した絵地図を俯瞰《ふかん》して自分たちが住む町が土地によって使われ方の違いがあることに気付く姿（深い学び）

以上のように**一つの学びの姿の中に混然一体と存在していること**が分かるのではないでしょうか。

学びの姿を分析的に三つの「主体的な学び」「対話的な学び」「深い学び」という視点で捉えることのよさは何か？　それは、三つの別の角度から眺めることによって、それぞれの視点で授業改善のポイントを具体的に構想できるようになることだと言えるでしょう。

「主体的な学び」「対話的な学び」「深い学び」という三つの視点で子供の学びの姿を捉

え、それぞれの視点で授業改善のポイントを明らかにすること。さらに、明らかになった**授業改善のポイントを踏まえて、単元や授業をできる限り詳細に設計していくこと**こそ、「プロセスの精緻化」の実体なのです。

2 「主体的・対話的で深い学び」

「主体的・対話的で深い学び」の姿は、小・中・高等学校を通じて描かれている学びの姿です。ということは、小学生の学びの姿としては少し高度に表現されている部分もあるのではないかと感じています。そこで、まずは主に「答申」等の解説を参考にしながら、総合的な学習の時間において三つの視点が具体化した子供の姿として表現することを試みます。その上で、「主体的・対話的で深い学び」に向かうための私なりの授業改善のポイントを挙げていきます。

主体的な学び：
(1) 興味や関心が高まっている

(2) 自分の経験と結び付けて考えている
(3) 学習活動の見通しをもっている
(4) 学びを振り返り、その意味や価値を自覚している

このような姿を生み出すために、どんな授業改善のポイントを考えていけばよいでしょうか。ここでは特に、主体的な学びの顕著な姿だと考える(1)の興味や関心を高めることができる、授業改善のポイントにクローズアップしていきます。

子供たちは、とても正直です。興味や関心があることについては、時間を忘れて没頭することができますが、やらされている活動においては、やる気を持続させることができず、十分に力を発揮することができません。

総合的な学習の時間で、五年生の子供たちは、町を調査していた際に「自分たちが素敵だと思っていた商店街が衰退してしまっている」という事実に直面しました。「何とかしたい」という思いをもった子供たちは、自分たちが力になれることはないかと話し合った結果、ポスターを作り、商店街をＰＲすることで商店街を活性化する可能性を見付け出しました。

自分たちが何とかしなければいけない課題に直面したり、自分たちの手で実際に働きかけることで現状が好転していく可能性があったりする場合に、子供たちの心に火がつきます。

総合的な学習の時間においてはとりわけ、そのような課題は実社会に根付いた課題、自分たちの実際の生活に関わる本物の課題として子供たちに大切にされます。本物の課題を解決していく子供たちからは、自分たちで新たな道を切り拓《ひら》いていくんだという気概さえ感じることがあります。

また、「主体的な学び」の姿を生み出すために、もう一つ重要なポイントがあります。それは、学習の過程に振り返りを位置付け、**学習活動の意味や価値を自覚する機会を設けること**です。

探究的に学んでいく過程において、子供たちは対象からたくさんの内容を感じ取り、新たな知識を得ていきます。だからこそ、感受性が豊かな子供たちには、そのとき、その場で自分が感じ、考えたことについて振り返る時間を確保する必要があります。そうしないと、せっかくの豊かな学びが次の新たな経験によって薄れたり、忘れられてしまったりすることが少なくありません。

大人にとっては、「これは自分にとって意味がある」「これからも役に立ちそうだ」と自分にとって意味があると感じたことを記録する習慣は当たり前のことかもしれません。しかし、子供は学習した内容に加えて、学び方自体も学習している最中なので、振り返りをする機会を意図的に設けていく必要があるのです。振り返りを行う際の視点としては、「何が分かったのか」「この学びは自分にとってどんな意味があったのか」「学び方や話し合い方でよかったと感じたことは何か」等を振り返ることで、自分の成長を自覚したり、自分たちの活動の意味を自覚したりすることができます。この自覚こそが次の活動への新たな原動力となっていくのです。

⇓主体的な学びの視点からの主な授業改善のポイント：
○本物の課題設定
○振り返りの充実

対話的な学び：

(1) 友達と役割を分担することにより、協働して課題を解決している
(2) 先哲の考え方や生き方を手がかりにして課題について考えている
(3) 根拠や立場を明らかにして友達と話し合うことで、考えを広げ深めている

このような姿を生み出すために、どんな授業改善のポイントを考えていけばよいでしょうか。ここでは特に、対話的な学びの顕著な姿だと考える(3)の根拠や立場を明らかにして友達と話し合うことができる授業改善のポイントにクローズアップしてみたいと思います。

まずもって、子供たちは「話し合いなさい」という指示がなくても、「自分の考えを聞いてほしい」「この内容でよいか確かめたい」「どれかに決めなければいけない」という**必要感や切実感**があれば、教師の指示がなくても近くの友達との話し合いを始めます。

その逆で、自分が必要と感じていないときに、教師から「○○について話し合いなさい」と言われても、子供たちは動きだしません。もしくは、話し合っている風には見えても、事実の報告にとどまり、互いの本音の意見を交換する子供たちのやりとりにはなり得ていないというケースは少なくありません。

では、どうすればよいのか。本当に子供たちが話し合いたい、話し合わなければならな

いと感じる共通の問いが焦点化され、全体に認識される必要があります。すなわち、切実感や必要感のある話し合いが重要なポイントとなるでしょう。

「本当にこのままでいいのだろうか」

「どうして、〜なのだろうか」

「AとBのうち、どちらを選ぶべきなのだろうか」

　このように問題が焦点化され、話したいという必要感が子供たちに生まれることが重要です。切実な問題が共通のものとして認識され、個人がもち合わせた知識だけでは対応できず、互いに知恵をもち寄る必要のある問いが設定されることによって、子供たちの本当のやりとりがスタートする可能性を高めることができるでしょう。

　もう一つ、大切にしたいポイントは、**「話し合うプロセスを明示すること」**です。話し合いのプロセスを明示することによって、「何のために（目的）、何を（情報）、どのように話し合い（処理過程）、どんなゴールを目指すのか（成果）」を子供たちが意識することができます。せっかく必要感のある課題が設定され、話し合う気持ちが高まっていても、どのように対話をして、どんなゴールを目指すのかを子供たちが意識していなければ、集団としての話し合いの質の高まりや活性化は期待しにくいのです。(注1)

授業における話し合いで、ゴールや成果を意識して話し合うことの大切さを伝えるために、私は次のような質問を子供たちに投げかけます。

「徒競走の場面を想像してください。この徒競走では、トラックのどこまで走ればゴールなのかが事前に伝えられません。とにかく体力の続く限り全力で走ってみてください。後ほどゴールの位置を伝えます。というような競争に本気で参加できますか」

すると、

「そんな競争に参加できるわけない。何のためにどこまで走っていいか迷ってしまう状況で、全力を出し続けるなんて不可能です」

という答えが返ってきます。

学級における話し合いも同様で、何のために話し合っていて、結果としてどんな形で成果を表せばよいのかが明らかになっていなければ、本気でやりとりを続けることなどできるはずがありません。また、比較すればよいのか、統合すればよいのか、順序を決めればよいのか等、話し合い方において迷いが生じてしまうことも、本気のやりとりを阻害する要因となってしまっています。

「何のために、何について、どのように話し合い、どんなゴールを目指すのか」を意識していることによって、子供たちは迷うことなく同じ土俵に立って、互いの思いを込めた意見のやりとりをすることができます。

さらには、話し合うための確かな根拠となる情報をしっかりともっていること、話し合いの過程でやりとりしている情報が可視化されることも音声言語での本気のやりとりを支える重要なポイントとなります。

⇓対話的な学びの視点からの主な授業改善のポイント：
○切実感・必要感のある話し合い
○話し合うプロセスの明示

深い学び：
(1) 個別の知識及び技能を関連付けて、概念的知識として理解している
(2) 知識を活用して、新たな価値を見いだしている
(3) 思考して問い続けている

このような姿を生み出すために、どんな授業改善のポイントを考えていけばよいでしょうか。ここでは特に、深い学びの顕著な姿だと考える(1)個別の知識及び技能を関連付けて、概念的知識として理解することができる授業改善のポイントにクローズアップしていきます。

例えば、五年生の地域のＰＲ動画を作成した総合的な学習の時間【単元3参照】では、自分たちはどんな地域ＰＲ動画を作るべきなのかを明らかにしようという目標をもって、様々な自治体で作成されている地域ＰＲ動画を分析することから学びがスタートしました。様々な地域ＰＲ動画を各自が視聴し、分かった事実と感想をカードに記録していきます。一人一人が動画について分析した結果についてクラスで情報を共有する中で、動画の構成に着目することで明確に分類できそうな基準が見えてきました。さらに、自分たちが伝えたい内容を表現するためには、どちらのタイプが適しているのかを判断するフェーズへと進んで行きました。

「ものすごく多くの種類の地域ＰＲ動画が世の中にはたくさんあるけれど、どれも地域で紹介したいものやこと、場所を主に紹介している」

「地域ＰＲ動画は、大きく分けて二つのタイプに分けることができそうだ」

「一つはストーリー仕立てにして内容を伝えるタイプの動画で、もう一つはまんべんなく映像で場所やもの・ことを伝えるタイプの動画だった」

「次は、自分たちが作るべき動画はどちらのタイプなのか考えてみたい」

動画の構成という視点をもって比較することによって、「この動画は特色あるものや場所を音楽にのせてまんべんなく伝えている」「あの動画は主役とある登場人物がいて、特色ある場所を巡って紹介している」というように動画を分類することができるようになりました。

このように動画の構成という視点で比較することによって、個々の動画への認識（個別の知識）だったものが、地域ＰＲ動画とはそもそも地域の特色のあるものやこと、場所を伝える動画であり、「ストーリー仕立ての動画」と「まんべんなく伝える動画」というように一定の共通性をもったものに分類できる、という階層が上がった概念的知識となる可能性が見えてきます。

このような学びは、自然に生まれるものでしょうか。結論から言うと、それはあまり期待できることではありません。子供たちがそれぞれの興味や関心の赴くままに地域ＰＲ動画を調べ、気付きをカードにまとめていく過程では、なかなかこのように相互の知識が関連付けられるような学びが生まれることはないでしょう。個々が分析した地域ＰＲ動画についての気付きを伝え合う活動の中で、動画の構成に目を向け、個々の動画を分類するという学習活動を位置付けたからこそ、生まれた概念化であると言えます。

どの場面でどのような学習活動を行うことで、価値ある気付きが生まれてくるのか、概念形成を促す場面を単元に位置付けていく必要がありそうです。前述の例は、子供たちが体験的に収集した情報を共有し、互いの情報をもとに動画を分類する場面を意図的に設けることによって生まれた概念的知識です。

また、「深い学び」に向かうためのもう一つのポイントとして、「拡散→収束の授業スタイル」を挙げることができます。拡散した思考によって、子供たちの意識があちこちバラバラの方向を向いているうちは深い学びに至ることは難しい、という考え方です。

学級全体で話し合う過程で、話題が収束し、論点が焦点化されることによって、自分たちが掘り下げていくべき問いが見えてきます。先ほどの例では、最初は個々の動画の内容や感想を拡散的に発言していました。しかし、個別的な気付きを伝え合う中で、動画の構成に着目した子供の発言が出てきました。そうした子供の発言を取り上げ、その理由を聞いてみます。

すると、次のように子供は話しました。

「自分が見てみた動画の流れに注目すると、ストーリーの中で紹介しているものとそうではないものがあることに気付きました。もしかすると、この視点で動画を分けることができるのではないかと考えました」

この発言を全体に投げかけ、共有することで、子供たちは自分の分析した動画について

「ストーリー仕立てなのか、まんべんなく伝えている動画なのか」という視点で分類することができるのではないか、という期待をもち始めます。すると、個々が自分のカードを見直し、次のような発言がつながりだします。

「ぼくの見た動画はストーリー仕立てだった」

「私の見た動画は、特にストーリーにはなっていなくて、音楽に合わせてどんどん特徴のある土地が紹介されていくものだったよ」

総合的な学習の時間において、深い学びに至るには、本時で焦点化すべき問いを見付け出すことが必要です。その問いについて話し合う過程で、各々がもち寄った知識がつながり合い、新たな概念的知識が生まれる可能性が出てきます。ときには、子供たちが当たり前だと思っていたことが他にも意味をもっていることが分かる場面も生まれるのです。

⇓深い学びの視点からの主な授業改善のポイント：
○概念形成を促す単元の構成
○拡散→収束の授業スタイル

ここまでで明らかにしてきた「主体的・対話的で深い学び」と「プロセスの精緻化」「ゴールの明確化」の関係を、既出の「授業のビジョン」のイメージ図（四七ページ）をバージョンアップして表すと、図8のようになります。

図8　「授業のビジョン」のイメージ図②

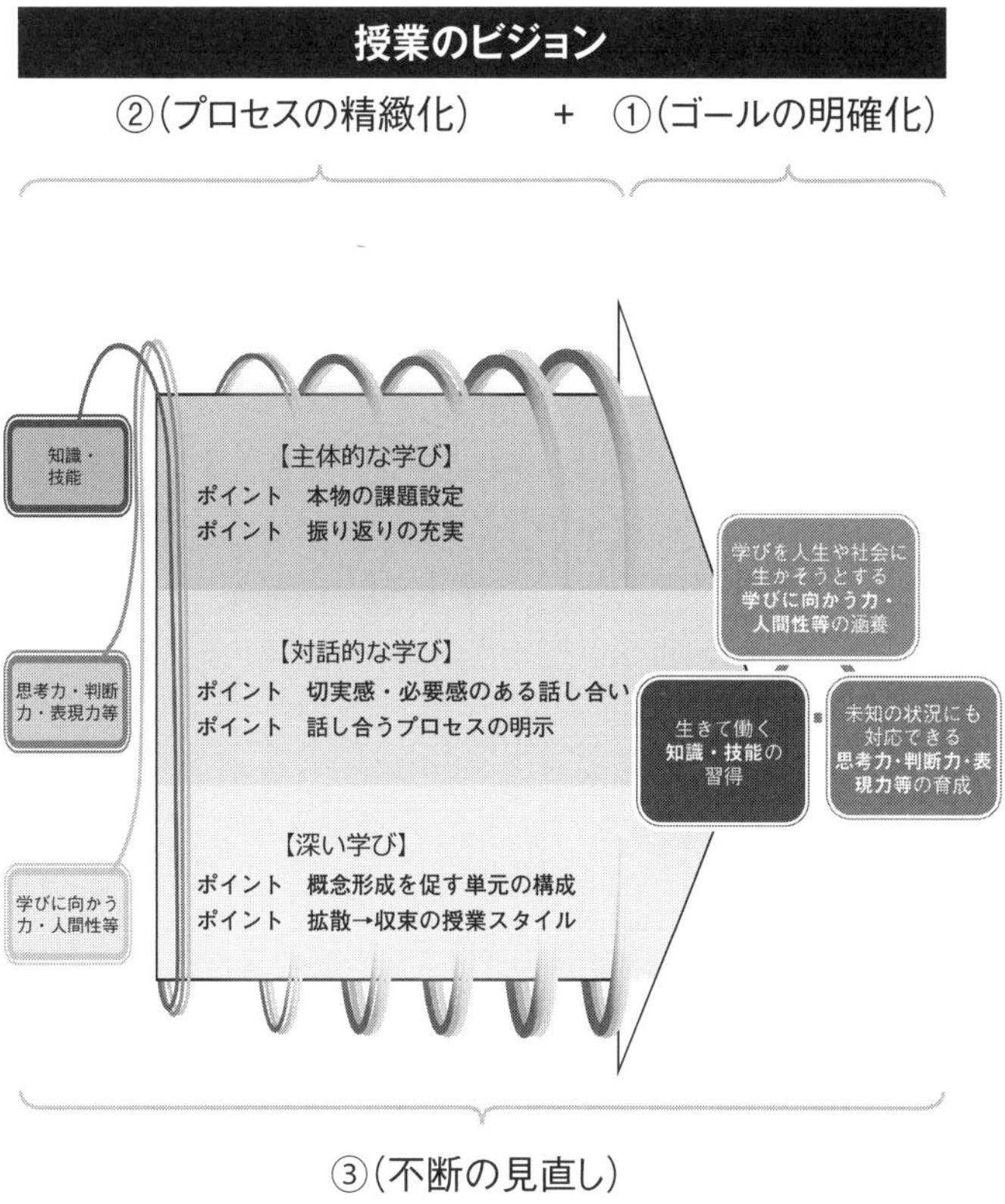

プロセスを精緻化するための六つのポイント

これまで、「主体的・対話的で深い学び」の視点を手がかりにして、授業改善のポイントを六つ導き出してきました。次に、この六つのポイントを、探究的な学びの一連の学習過程の中に落とし込み、配列してみましょう。本書では、筆者の実践をもとに次の六つの順序で学びのプロセスの精緻化を試みています。

ポイント1 本物の課題設定
ポイント2 概念形成を促す単元の構成
ポイント3 拡散↓収束の授業スタイル

図9　一連の学習過程と6つのポイント

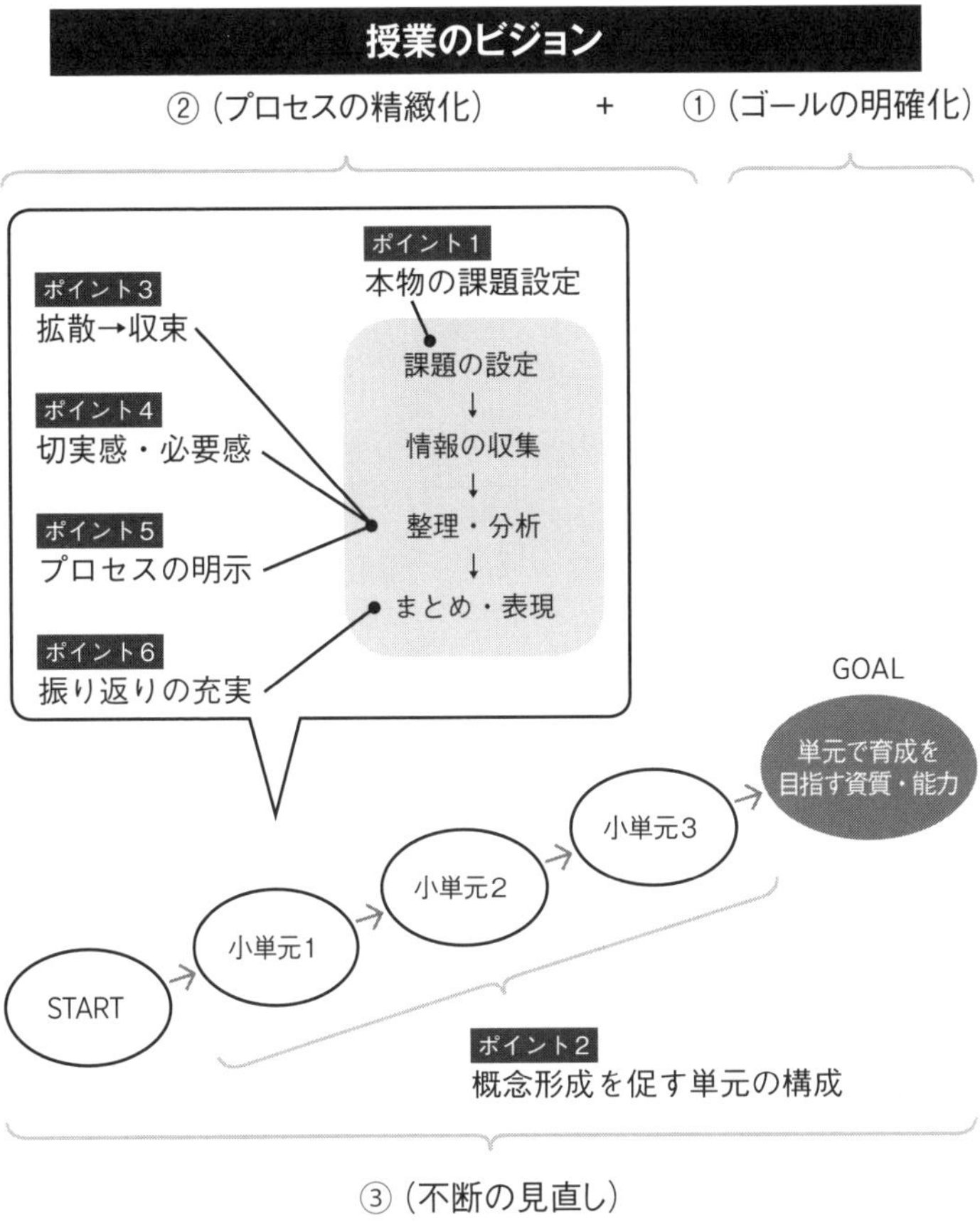

ポイント４ 切実感・必要感のある話し合い
ポイント５ 話し合うプロセスの明示
ポイント６ 振り返りの充実

総合的な学習の時間を例に、それぞれの関係性を整理したものが図９です。

ここで一つ確認しておきたいのは、本書で述べている「ポイント」は、必ずしも「主体的・対話的で深い学び」におけるいずれか一つの視点だけを生み出すような、絶対の一対一の対応関係にはならないということです。

例えば、「ポイント６ 振り返りの充実」については、振り返りを大切にすることによって、「主体的な学び」の姿である自己の学びを自覚し、学びを調整することにつながります。また、自己の学びを文字言語で書き表し、俯瞰することによって、概念化が期待できることから「深い学び」にも寄与することは十分に想像できます。

全てのポイントが複合的に関係し合って「主体的・対話的で深い学び」の視点からの授業改善は実現し、資質・能力が育成されていくのです。そして、もちろんこの「ポイント」は、先生方それぞれに、その経験等によって内容が異なるはずです。大切なのは「主体的・対話的で深い学び」の視点から日々の授業を見つめ、捉え直し、改善のポイントを教師自らが分析していくことだと思います。

ポイント1　本物の課題設定

(1) 情報収集から、ずれを認識する

私は、総合的な学習の時間で課題を設定する際、実際に町に出たり、町の方のお話を聞いたりすることから活動をスタートするようにしています（写真6）。

六年生の総合的な学習の時間でのことです。自分たちが町の役に立てることはないかと調査をしていると、学校の近くにある飲食店の前に貼られているチラシを見付けました。そのチラシには、「岩手県復興支援プロジェクト」と書かれています。興味をもった子供たちは、お店の方にお話を聞いてみることにしました。すると、料理人である店主さんが岩手県のとある市の復興支援団体のお手伝いをされていることを知りました。

なんだか意味がありそうで価値のありそうな活動を子供たちは見逃しませんでした。実

際にこの復興支援団体のことを調べ始めてみると、復興支援商品の開発に力を入れていることが分かりました。すると、子供たちの中から、

「自分たちも復興支援に関わるお菓子を開発することで、岩手県の役に立つことはできないかな」

「遠く離れた横浜市から復興の役に立てることに取り組んでみたい」

という声が上がり始めました。

　また、岩手県が震災によって被った被害について調べていくと、津波でとても大きな被害を受けていることや現在も震災による被害の影響が残っていることが分かってきました。

さらに、実際に復興支援団体の方々に小学校へ来校していただいた際には、

「岩手県内でも内陸に住む方々と沿岸に住む方々の震災についての感じ方がずれてきています」

「決して今も、完全にもとに戻っているわけではありません」

「横浜市に住む六年生が真剣に考えてくれることが嬉しいです。みんなにもできることがあると思っています」

というようなお話をしていただきました。お話をうかがい、自分たちの中でも震災がすで

写真6　情報を収集し、ずれを認識する

に過去のこととなってしまっていることや、遠い場所の話だと感じてしまっていることに子供たちは気付き始めます。

いよいよ自分たちの使命を明確に感じ始めた子供たちは、

「横浜市と岩手県の特徴を表現した復興支援のためのお菓子を作り、そのお菓子を通して岩手県の方々とつながり、笑顔を届けたい」

という総合的な学習の時間の課題を設定するに至りました。

総合的な学習の時間における課題の設定は、実社会の問題と出合い、その問題に対しての子供たちの願いや捉え方とのずれを認識することから始まります。ここで感じたずれから生まれる「自分たちの力で何とかしないといけない」という思いが学習を進めていく上での原動力となります。子供たちが走り出したら、あとは止まってしまわないように、ところどころでそのスピードをコントロールしてあげれば十分です。

当たり前のことかもしれませんが、**「何とかしてやり遂げたい」という思いがあるからこそ**、子供たちは友達と力を合わせ、少し背伸びをしながら最高のパフォーマンスを発揮することができるのです。

(2) 手の届く課題であること

一方で、自分たちでは、どうすることもできないような課題や多くの部分を大人に頼ってしまうような課題では、子供たちの本気を引き出すことはできません。

子供たちのやる気は、**手が届くか、届かないかのギリギリの状況において最大限に発揮され、持続します**。すると、課題の設定を行う上での教師の役割は、これから展開されるであろう学習活動の可能性と限界性をしっかりと見極めることであることが分かります。

私自身が、どのような課題に取り組んでいくのかを検討する際に大切にしてきた視点として、次の二つがあります。

△マイナスをゼロにするような課題には取り組まない（いずれマイナスに戻ってしまう可能性がある）
○ゼロをプラスにする課題には取り組んでもよい（必ず価値付けられる）

マイナスをゼロにする活動の代表例としては、ゴミ拾いを挙げることができますが、ゴミを拾う活動には必ず限界があります。子供たちが清掃活動をして、せっかくきれいにしても、またゴミが出てきてしまって、もとに戻ってしまう可能性があるからです。

決して地域をきれいにする活動を否定するわけではありません。地域の美化を目指した優れた実践が全国にはたくさんあります。活動に一生懸命に取り組む子供たちの思いが届き、地域の方の考え方が変わることに価値を置くこともできるでしょう。しかし、限られた時間の中において、学級の仲間と協働的に問題を解決するチャンスをもらった子供たちには、ぜひ**ゼロをプラスに変えていく活動**にも取り組んでもらいたいと願っています。

例えば、

「本当は素敵なんだけれど知られていないものを知ってもらおう」
「これがあったらもっと町が素敵になるから、広めたい」
というような願いをもとにした活動を行えるとよいと思っています。

目の前の子供の状況や現実の社会の状況を鑑みたときに**達成不可能な壮大なビジョンはもたないこと**も教師の大切な役割です。子供たちが力を尽くすことによって夢を叶え、活動の意味を感じ、成果を残すことができるものにする必要があります。

活動を行っていく過程で達成できたことやもの、周りの方々からの肯定的な評価によって、子供たちは手応えを感じ、学びに向かう力、人間性等が豊かに涵養されていくのです。だからこそ、お金をたくさんかけて大人がやるべきものは、大人に任せる。子供たちだからこそやる意味のある活動を自分たちで選択できるようにします。子供たちに**これはできる（可能性）けれど、これはここまでしかできない（限界性）**というような視点をもって子供たちを支えてあげてもらいたいと思います。

「本物の課題設定」のカギ：
○実社会での学びにおけるずれを認識すること

○子供たちの力で達成可能な課題であること

ポイント2　概念形成を促す単元の構成

(1) 概念形成を促す場面を設定する

資質・能力を小単元レベルで設定することで、通過地点がより明確化され、単元で育成を目指す子供の姿に近付く可能性が高まることを述べました。その上で、設定した資質・能力を子供たち自身が身に付ける場面を位置付けていく必要があります。

具体的には、どんな学習活動が必要か？　どんな学習環境を整える必要があるのか？を精緻にイメージしていくことになるわけです。

ここで少し「主体的・対話的で深い学び」に話を戻したいと思います。私は、資質・能力が確かに育成されていくためには、「深い学び」は特に欠かせないものだと考えています。

「深い学び」とは、「知識を相互に関連付けてより深く理解したり」「情報を精査して考えを形成したり」「問題を見いだして解決策を考え」たりする学びの姿であると「答申」五〇ページで説明されています。すなわち、学んできた知識が個別具体のものから、相互に関連付けられ深く理解されることで、汎用的な力へと階層を上げている学びだと考えることができます。まさに、資質・能力が育成されている学びの姿と捉えることができるでしょう。「主体的」「対話的」な視点からの授業が展開されていたとしても、「深い学び」の視点がなければ、資質・能力を育んでいると断言することはできないと思います。

そこで、見えてくるのは、「資質・能力を確かに育成していくことを目指すのならば、**単元を構成する際に『概念形成を促す場面』を設定する必要がある**」ということです。

具体的には、図10のように、小単元ごとに核となる「個別の知識が相互に関連付けられ概念的知識が形成される場面」を位置付けていきます。

これは、単元の**学びの核となる部分を明確に意識すること**につながります。単元の入り口には、子供の思いや願いがあり、その出口に単元を通して育成を目指す資質・能力を想定します。

学びのプロセスを精緻に描くとは、本章冒頭で述べたとおり、一連の学習過程つまり単

図10　概念的知識が形成される場面の設定

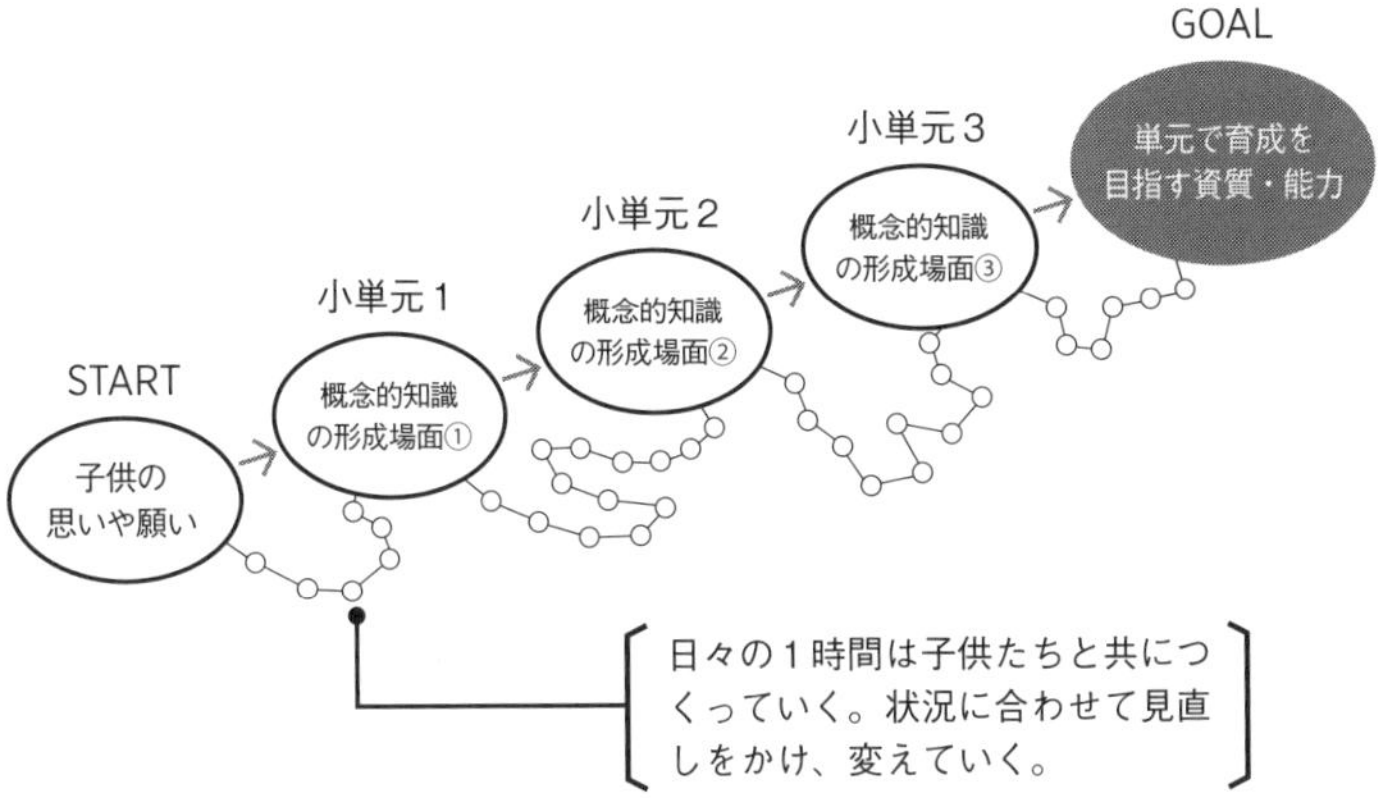

概念的知識が形成される場面の設定：
本単元の中で、「ここだけは確実に学ぶ」という通過地点としての役割を果たす。
子供たちの学びのストーリーの中で自然に「概念的知識が形成される場面」を設定できるように、手立てを考えることが重要元の入り口から出口までの学習活動を構想していくことになります。そうは言っても、総合的な学習の時間で年間七〇時間を構成する全ての時間を年度当初に想定することはとても難しいことです。また、七〇時間をきっちりと想定してしまうことによって、子供たちの思いや様々な状況に対応しながら展開していくことができなくなってしまうかもしれません。

ですので、ある程度のゆとりをもたせて、**小単元ごとに「概念形成を促す場面」を一つ設定する**ような方法をとっています。

子供たちに限りなく寄り添いながら一時間一時間を構想していくとともに、押さえておきたい通過地点をしっかりと準備して、その通過地点を子供たちが必要感をもって通るように導くという考え方なのです。

(2) 洗練された問題解決へ

単元をデザインする際に絶対にやってはいけないこと。それは、「子供だから」とか、「研究授業があるから」という**大人の都合で単元を組み立ててしまうこと**です。

例えば、みなさんが動物園のパンフレットを作ろうとしたら、完成へと向かう道のりをどのように想像するでしょうか。きっと、動物の特徴や動物園自体の特徴を調査するとともに、アウトプットする手段であるパンフレット自体の研究も進めると思います。実際に、大人が動物園のパンフレットを作ろうとしたら、まずは他の園のパンフレットを集めて、どんな情報が載っているか分析するでしょう。そうすることで、「どんな情報を集めればよいのか」「自分たちが集めた情報がどのように活用されるか」が明らかになっていきます。

子供だからといって、闇雲に動物園を探検させて、視点もないまま情報をたくさん集めて、その情報収集が終わった時点で、「さぁこの大量の情報をどう発信しようか」というような学びのプロセスをたどることは避けたいものです。

教師の頭の中では、パンフレットにまとめていくという流れを描いているのかもしれません。しかし、そのイメージが子供に共有されていない独りよがりのものになってしまっていては意味がありません。

子供たちが真の問題解決を行い、その学習で身に付けた力を他の場面で生かすことを目指すのならば、行き当たりばったりの学習ではなく、「洗練された問題解決」の学習にしていきましょう。(注2) 本来どのように問題を解決していくのか、本物の問題解決を子供たちが経験できるようにすることで、その学び方を次の問題場面でも生かすことができるようになるのです。

ただし、注意しておきたいことがあります。それは、決して教師が用意したレールに子供たちを乗せてしまうわけではないということです。動物園を学習材として扱っている場合に、子供たちはきっと動物園に行き、動物を観察する活動に興味をもつことでしょう。決して、その思いを無理に捻じ曲げるのではなく、教師が「問題解決を共に行っている仲間」という立場から、パンフレットを分析することの重要性を伝えてみてもよいと思います。調査と同時にパンフレットを分析することのメリットを子供に示し、子供が納得して判断すればよいのです。大切なのは、決して教師が学びの方向を強制するわけではなく、**子供が必要十分な情報をもった上で判断し、活動を決定していくこと**です。

(3) 単元を見直す

単元を構成していく上で、もう一つ大切にしたいことがあります。それは、単元を常に見直すというスタンスをもち続けることです。教師が思い描いた学びのプロセスは決して完全なものではないと、謙虚に自覚することに他なりません。

私は、単元の途中で関わる対象を大幅に変えた経験をもっています。当然ですが、関わる対象が変われば、単元の構成も変わります。

先の岩手県の復興支援のお手伝いに取り組んだ事例（一五一ページ）の話の続きをしましょう。復興支援団体の方々からのお話をうかがうこと等を通して自分たちの使命を明確に感じ始めた子供たちは、「復興支援の会の方々との関わりから横浜市や岩手県の魅力を見つめ直し、自分たちが住む町からできることを行っていこうとする」という単元目標を設定しました。

しかし、結果的にこの総合的な学習の時間では、「復興支援商品を開発する」という活動から、「津波で枯れてしまってきている岩手県の小学校の桜をよみがえらせる」という活動へと大きく方向転換をしました。

なぜ、そのような判断をしたのでしょうか。

当初、この活動では、岩手県の小学校六年生に対して、

「遠く離れた土地で暮らす同じ六年生と仲よくなりたい」

「自分たちが作った復興支援クッキーを食べてもらって反応をもらいたい」

と考えていました。つまり、自分たちが復興支援商品として開発したクッキーを岩手県の子供たちに食べてもらって、その反応をクッキーの改善に生かそうと考えていたのです。

ところが、関わりが深まるうちに横浜市の子供たちにとって、岩手県の小学校の仲間たちについての捉え方が変化していきます。当時の岩手県の小学校六年生は一年生のときに震災を経験していました。総合的な学習の時間で自分たちの経験を多くの方々に知ってもらい、震災への意識を風化させないという活動に取り組んでいました。

ある日、私たちが学校で勉強しているときに突然大きな地震が襲ってきました。すぐに近くの避難所に逃げました。その頃は冬だったので、とても寒く雨も降っていました。みんなで体を寄せ合って寒さを防ぎました。とても怖かったことを覚えています。

岩手県は復興がまだ進んでいないと思います。全部復興しているというわけではありません。がれきがまだ残っているところもあるし、震災当時のままになっているところがあるからです。

写真7　岩手県の子供たちと関わり、生の声を聞く

> 私たちの学校の校庭まで津波が押し寄せました。そのときに海水に浸ってしまった桜は枯れ始めてきてしまっています。

岩手県の子供たちが実際に体験したことを聞き、子供たちは言葉をなくしました（写真7）。

中でも、震災から五年が経ったその当時、道路や建物が直されて復興が少しずつ進んでいく中で、現在もゆっくりと被害が進行してしまっている校庭の桜の木のことが強く印象に残ったようです。

子供たちは、本当の復興支援につい

て考えていくためには、もっと深く岩手県の小学生と関わり、考えをしっかりと聞くことが大切であると考えるようになりました。

私自身も、岩手県の子供たちの発表を受け、主として関わる対象や単元の展開の見直しをかける必要性を強く感じました。まずは、「岩手県の六年生一〇名」を関わり続ける相手として明確に位置付けることにしました。岩手県の小学校との関わりを中心に据え、同年代の子供たちが震災を乗り越え、前向きに生きていこうとしているその姿から学び、自分たちが住む横浜市から継続してできることを考えていくことに価値を見いだしました。

実際に、岩手県の子供たちが震災で体験したことを聞いた子供たちは、「自分たちはこれからの活動にどう取り組むべきなのか」という課題について話し合うことにしました。

「自分たちの活動には甘さがあったと思っています」

「正直、ぼくたちの活動は軽いと思う」

「実際、少ししか岩手県のことを知っていなかったことが分かりました」

「今やっているクッキー作りが、復興支援と言えるのか分からなくなってきた」

「本当の復興支援って何なんだろう」

「クッキー作りが、岩手県の小学校の本当に役に立っているのかな」

写真8　「クッキー作りは復興支援にならないのか」について立場を明確にして話し合う

そうした意見が出される中、子供たちは「クッキー作りは復興支援にならないのか」という問いについて焦点化して話し合うことにしました（写真8・9）。

そこで「ならない」と考えた子供たちは、

「クッキー作りばかりが先行してしまっていて、相手の気持ちを考えていない」

「クッキーの売り上げを送ることでは、心のケアにはつながらない」

「そもそも自分たちの思いが足りていない」

という考えを述べました。一方で、次

のような発言もありました。

「クッキー自体はものに過ぎないけど、本当に被害にあった方々の考えを知ることで、クッキーに、復興してほしいという自分たちの思いは込めることができるんじゃないかと考えています」

「自分たちは、最初はクッキーをたくさん売って、そのお金を届けることを考えていたけれど大切なのはそこじゃない気がしてきました」

「私たちが目指していたのは、お菓子でつながりをつくることです。だからいろいろな人にお菓子を食べてもらうことで、震災のことを理解してもらうことが復興支援につながるのではないかと思います」

「お菓子を通して、『本気で震災への意識を風化させない』という意味をもった活動をすることが大切なんだと思う」

　このような話し合いをしていく中で、私自身は子供たちが一定の結論を得たのかなと感じました。授業後にクラス全体に、

「どう、すっきりした？」

と聞いてみました。すると、ある子供から、こう尋ねられました。

写真9 「クッキー作りは復興支援にならないのか」の話し合いの板書

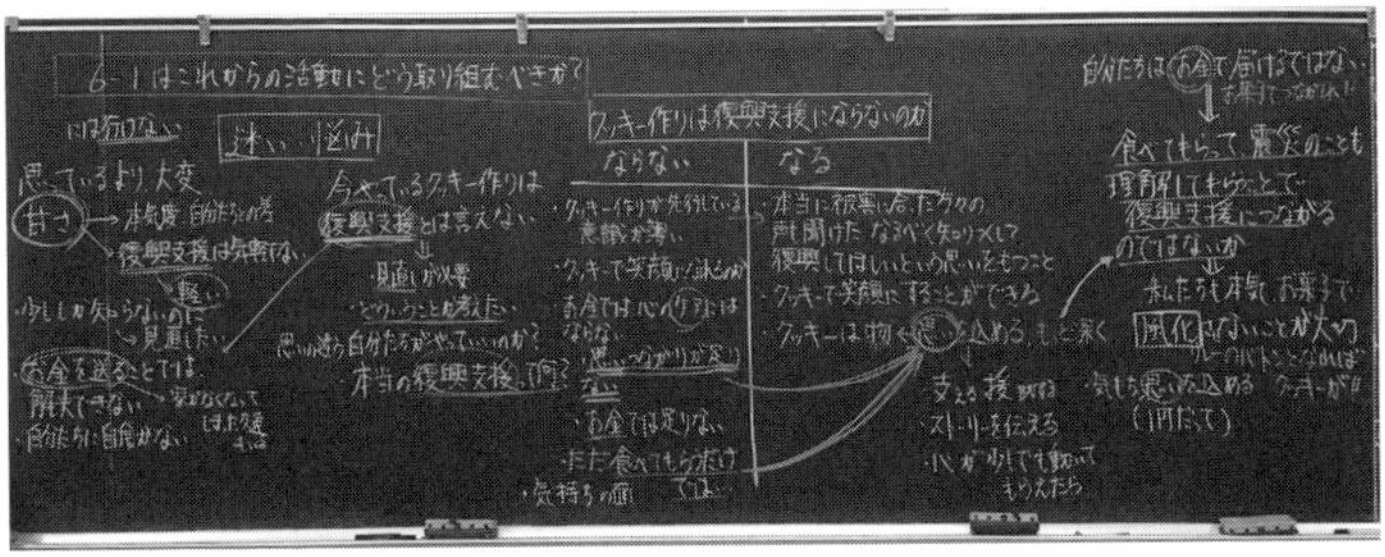

自分たちの話し合いでは、復興支援につながるって結論になったみたいだけど、自分はまだモヤモヤしています。というか、心配がやっぱり残っています。もしできるなら、岩手県のみんなに自分たちの悩みを聞いてみたいんだけど、先生、聞くことってできませんか。

もしかするとこの申し出を「そんなに心配しないで大丈夫。みんなは十分頑張っているんだから」と断ることもできたのかもしれません。実際、私はそうやって子供たちを勇気付けました。それは、決して交流を続けることが大変なのではなく、チームの一員として自分たちがやってきたことの価値を子供たちに本当に感じてほしかったという本心です。しかし、それでは子供たちの本当の納得を得ることはできませんでした。

だからこそ、もう一度岩手県の小学校とのテレビ電話会議で自分たちの不安な思いをぶつけてみることにしました。すると、向こうの六年生から、このような言葉が返ってきました。

私は震災は確かに怖かったけれど、戸部小のみんなと交流して元気をもらいました。だから、私はクッキー作りを続けてほしいと思います。戸部小学校のみなさんの思いが十分伝わってくるからです。岩手県のことを思い続けてくれることが私たちにとっての支援となります。

また、資料12のようなお手紙ももらいました。実際に、自分たちの活動が役に立っているという手応えを得た子供たちは、

「お金や物を送ることだけではなく、自分たちにできることは忘れないこと、思いをもち続けることでもある」

資料12　岩手県の小学生から届いたメッセージ

戸部小学校６年１組のみなさんへ

戸部小学校のみなさんとの交流で、被災地のことをよく考えて支援してくださっていることがよく伝わりました。「震災への考えが甘かった」と思っているようですが、そうではありません。できることを少しずつやっていくことで、被災地を支援してくれていると思うと、とてもありがたく感じます。私たちの発表でショックを受けた人もいるようですが、今、少しずつ町は復興しています。前向きな心がないと、復興なんてしないはずです。だから、私たちも前向きに生活しています。戸部小のみなさんも前向きに生活していきましょう。

※プライバシーに配慮し、実際のメッセージをもとに筆者が再構成

と、復興支援への新たな概念を形成していったのです。

このような経緯を経て、復興支援クッキーの商品化を目指す活動から、地域の祭りやイベントなどでのクッキーの売り上げをもとに何とかして岩手県の小学生が大切にしてきた校庭の桜をよみがえらせるというプロジェクトに大きく舵を切っていくことになります。

子供たちは、岩手県の仲間と共に桜を植えるプロジェクトに取り組み、二校の深い絆を残すことにも価値を見いだし始めていました。

大幅に単元を見直していく中で、大切にしていたことが二つあります。一つは、**徹底的に子供の思いに寄り添うこと**です。もう一つは、単元で育成を目指す資質・能力は極力変えないことです。単元の見直しをする際の判断基準は、当初考えた「横浜市や岩手県の魅力を見つめ直し、自分たちが住む町からできることを行っていこうとする」という**目標を当初の計画よりも豊かに達成できるかどうか**ということです。この二つを満たすことができると考えたから、関わる対象を見直し、大きく単元を変えることができました。資質・能力を明確に設定していたからこそ、途中の活動をより効果的なものにすることができたと言えるでしょう。

「概念形成を促す単元の構成」のカギ：
○小単元ごとに「概念形成を促す場面」を一つ設定すること
○単元に不断の見直しをかけること

ポイント3 拡散→収束の授業スタイル

(1)「拡散」と「収束」の授業モデル

授業には、いくつかのパターンがあると考えています。その一つの捉え方として、子供たちの思考の流れを**「拡散」**と**「収束」**で捉える方法があります。この思考の流れのタイプは、総合的な学習の時間でよく示されるものですが、(注3) ここで改めて私なりに整理しておきます。

「拡散」とは、子供たちが課題について拡散的に思考した結果をもとに、一定のゴールを設定せず自由に考えを伝え合うスタイルです。自然と子供たちの話す話題も板書も広がっていくものになることが多いです。

「収束」とは、課題に対して一定のゴールや成果を設定して、そこに向かって思考した結果を伝え合い、結論を出そうとするスタイルだと考えてもらうとよいです。

この二つは、必ずしもどちらかがよい悪い、というモデルではありません。むしろ、**「拡散」と「収束」を組み合わせていくことで、より立体的で展開に富んだ授業へと質的に向上**していきます。

「拡散」と「収束」の組み合わせの授業パターンについては、大きく分けて二つ考えることができます。前後の授業の文脈によって、どちらのパターンが適しているのかを都度選択していくことになります。

①「拡散」→「拡散」パターン

写真10は、町の魅力を調査した後に、どんな内容を伝えたいかを拡散的に話し合った結果を表した板書です。戸部の町の魅力が「商店街」や「住みやすさ」であるというような意見が出てきた後に、さらにそれぞれの意見について、具体的な事実を探るために拡散させていきました。

この話し合いでは特に、何かに絞り込むという目標は設定していません。基本的にこの

写真10　板書「拡散」→「拡散」パターン

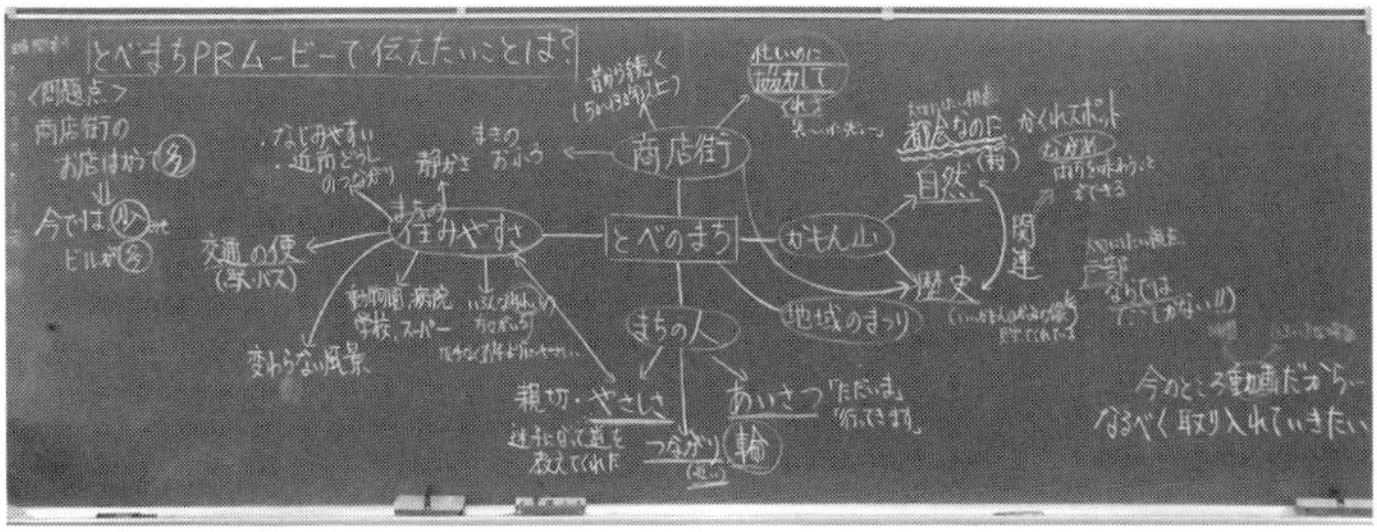

多面的・多角的に話し合い、アイディアをたくさん出し合う

写真11　板書「拡散」→「収束」パターン

①名前マグネットで興味があるところを
示し、傾向を可視化した上で、

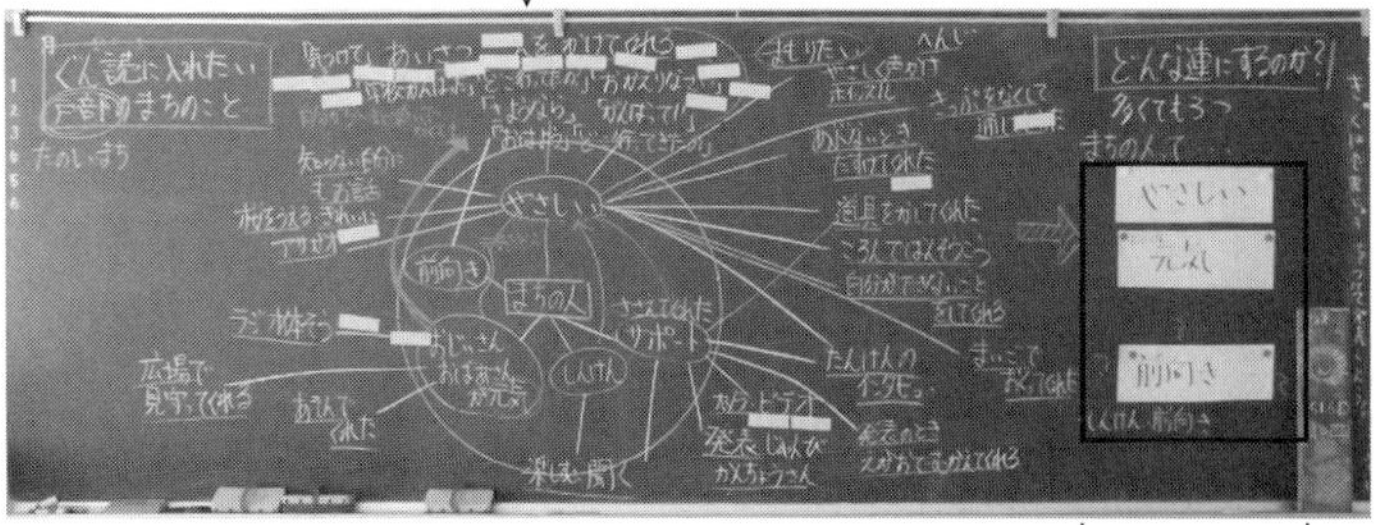

②学級で３つの内容に絞る

パターンは、明らかにしたい課題について多角的、多面的に様々な意見を出し合い、可能性を探るような場面で活用することが多いです。特に、ある対象について情報収集を行い、その対象についての素晴らしさを素直に共有するような場面では、個々が感じた内容を尊重したいので、拡散したまま授業が終わってもよいと考えています。むしろ、板書としてのウェビングマップが大きく広がることで、子供たちは自分たちの情報収集や話し合いの質の高まりを感じ取ることができます。

②「拡散」→「収束」パターン

写真11は、クラスのオリジナルの群読（複数の読み手で詩等を発表する活動）に入れたい内容を拡散的に話し合った後、板書の右側のように三つの内容を選び取るという話し合いの結果を残した板書です。

「拡散」→「拡散」パターンとの大きな違いは、発想を広げた後に一定のゴールに向かって話し合いを収束させていくという流れをとることです。

この話し合いでは、事前にオリジナルの群読で作成する詩の連は三つまでという条件が設定されていました。それは、群読を教えてくださった名人から、オリジナル作品をつくる際のポイントとして、「作品が長くなりすぎてしまわないようにする。三連に伝えたい内容をまとめるとよい」というアドバイスを事前に子供たちが受けていたことに起因します。この意識を子供たちがもっていたため、拡散的に話し合った後に、たくさんの情報の中から項目を選び取るという思考になっていきました。

多くの情報からいくつかを選び取る、という思考を働かせる場合には、複数の確かな根拠をもとにより優れた情報を選んだり、多くの情報の共通点を見付けて再構成したりする**思考のプロセス**をたどることになります。

知識の概念化を目指すためには、この「拡散→収束」型の授業は欠かせないものです。子供たちの意識が拡散している状態とは、興味が様々な方向に向いている状態です。そのような状態では、問いを深く掘り下げ、関連付けたりするような思考は生まれにくいでしょう。

学びが深くなっていくためには、子供たちの議論が「収束」していくこと、言い換えると**「論点が焦点化」**していく必要があると考えています。

もちろんいつも「拡散→収束」の授業の流れがフィットするわけではありません。先の「拡散」→「拡散」パターンのように、拡散することをねらいにした時間も存在します。

ただし、拡散した議論の中から、子供たちが本当に話し合うべき課題を見付け、その課題についてさらに根拠をもって話し合うことによって、新たな概念を獲得していくことも揺るぎのない事実です。

「拡散→収束の授業スタイル」のカギ：
○子供の思考を「拡散」と「収束」で捉えること
○「拡散→収束」型の授業で論点を焦点化すること

（2）積極的な働きかけのある授業

では、どうやって「拡散」している思考を「収束」させていけばよいのでしょうか。

私は、教師が
「じゃあ今日の論点はどこかな？」

と問いかけると、

「今日は、○○について話し合ってみるといいと思う」

「○○が論点なんじゃないかな」

写真12　構造化された板書で「対立軸」を可視化する

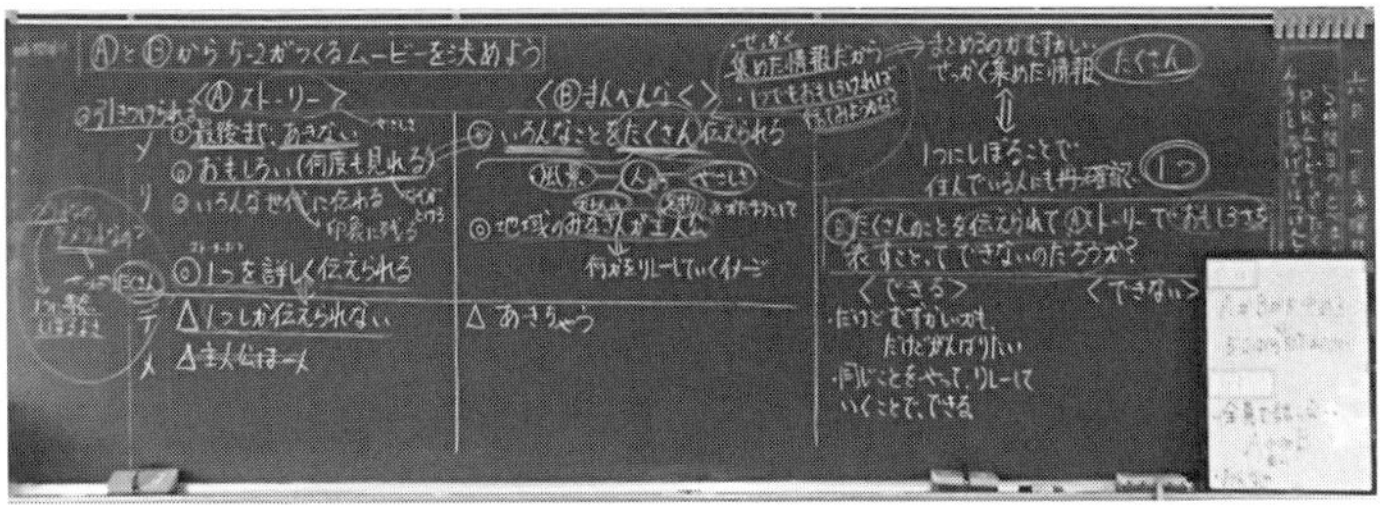

というように、子供たち自身の力で「話し合いたいと感じる問い」「話し合うべきだと感じる切実感のある問い」を見付けていけるような授業をこれまで目指してきました。

教師が、

「ここは大事な場面だから、みんなでよく考えよう」

などと、投げかけて生み出される場面ではないことは明らかですから、**拡散している話題を無理やり収束させるのではなく、適切な手立てによって議論を収束させていく**。それこそが、教師の重要な仕事であり、腕の見せどころでしょう。

つまり、積極的な働きかけを準備する必要があります。教師の働きかけには、構造化された板書、実物提示、思考ツール、子供の意見を取り上げる等、様々なものがあります。ここでは、その一部を紹介します。

① 構造化された板書で論点を可視化する

写真12は、五年生の総合的な学習の時間で、地域PR動画について話し合ったときの板書です【単元3参照】。「自分たちが作る地域PR動画を「A ストーリー仕立てのものにするのか」「B ストーリーはもたせず、まんべんなく映像で紹介するものにするのか」について話し合う場面でのこと。

「ストーリーで伝えるよさは、最後まで飽きずに見てもらえることだと思います」

「一つの町の特徴を詳しく伝えることができることもストーリー仕立ての特徴だと思います」

「まんべんなく伝える手法のよさは、いろんなことをたくさん伝えられることだと思います」

「人や物や行事を映像でリレーして、紹介していくことができます」

このような発言が続いていきました。これらの発言をメリット・デメリットで表に分類して整理します。

すると、「ストーリー的手法の一つのことを詳しく掘り下げられることのよさ」と「まんべんなく伝える手法の情報量の多さ」という、それぞれのメリットが際立って見えるよ

写真13　思考ツールを活用した板書

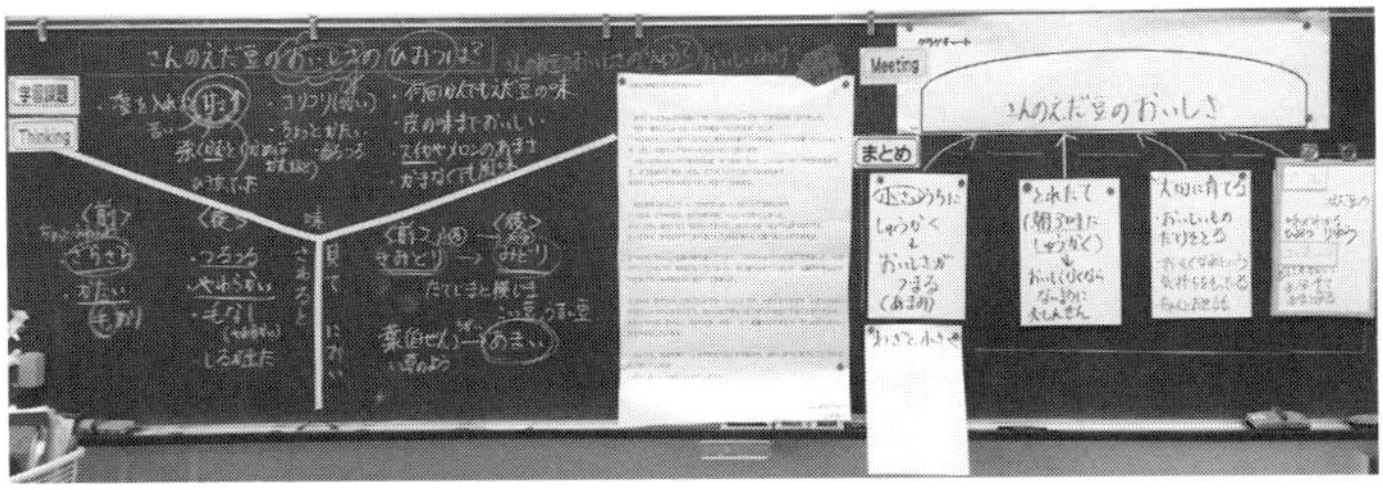

うになります。

すると、板書から自分たちの意見の対立する構造を読み取った子供たちの一人から、「たくさんのことを伝えることができて、ストーリーでおもしろさを表現できないのだろうか」という問いが生まれてきました。

これこそが拡散していた話題が、収束していく瞬間です。対立軸が可視化されることによって、子供たちが話し合う論点がはっきりとします。

こうして生まれた問いについて議論することで、今まではどちらかの手法しか考えられていなかった子供たちが、それぞれのよさを共存させる新たなPR動画の表現方法の可能性があることに気付くことができました。

② 思考ツールを活用する

写真13は、三年生の総合的な学習の時間で、地域で生産されている農産物の魅力を広める活動を行ったときの

板書です【単元4参照】。「新潟市の農家の方が育てた枝豆のおいしさの秘密」を探る場面でのことです。

「つるつるしていて、やわらかかった」

「かめばかむほど甘い味がする」

このように拡散的に続く発言をYチャートで整理した後、教師から、

「今日の課題は枝豆がどうしておいしいのかを見付けるという課題だったけれど、そういう話し合いになっているかな？」

と問いかけ、子供たちを揺さぶってみます。

するとと、子供たちはYチャートに整理された情報を再度確認し始めました。「自分たちは、おいしさの分析はしているけれど、どうしておいしいのか、その秘密については考えることができていない」ということに気付きます。

「うーん」と考え込む子供たちの中から、

「前に農家の方からもらったお手紙にどうやって育てたのか、工夫が書いてあった気がする」

という発言が出てきました。そこで、手紙を再度読み返してみると、以前いただいたお手

写真14　小グループで思考ツールを活用する

紙には、なんと枝豆を作っている方の思いや栽培の工夫がしっかりと書かれているではないですか。

この授業では、前半でYチャートを用いて、「味」「さわりごごち」「見た目」という視点で子供たちの発言を分類しました。情報を視点別に可視化することで、自分たちが発言した内容の特徴（おいしさを支える理由を捉えられていないという事実）を捉えることができました。

このように、板書で思考ツールを用いて発言を整理することによって、子供たちは自分たちの認識の偏りを意識することができます。思考ツールを用いることで、拡散的に枝豆のおいしさを分析する思考から、その理由を探っていく思考へと収束させていくことができました。

さらに授業後半では、三人組で手紙から読み取った枝豆のおいしさの理由について話し合いました（写真14）。その際には三人で一つのクラゲチャートを用いて、情報を可視化し、操作しながら話し合いました。そうすることで、おいしさを支える根拠を構造的に理解することができるのです。

③ 実物を提示する（写真、動画、商品等）

写真15は、先の復興支援商品を作る活動において「岩手県と横浜市の特徴を表現したクッキーの課題」について話し合った場面でのことです。

実際に試食していただいた方々のアンケートをもとに、

「岩手県と横浜市のつながりが分かりにくいと感じている人がいる」

「パンフレットなどの説明がないと商品のことがよく分からない」

といった課題に対する改善点を話し合う中で、

「シール等のラベルによって、商品のストーリーを伝える方法があるのではないか」

と子供たちの中から声が上がります。続いて、

「前に総合の時間で見たサイダーのラベルが工夫されていた気がする」

写真15　実物提示によって思考を収束させる

という発言が出ました。

そこで、私は子供たちが興味を示すかもしれないと考え、事前に準備していた復興支援商品のサイダーのラベルを子供たちに提示することにしました。実物を分析することによって、商品のネーミングやキャッチコピー、商品が開発された経緯、原材料は、ラベルで伝えるとよいことが明らかになりました。

どうやらシールやパンフレットで何らかの情報を伝えるとよさそうだと拡散していた思考が、実物を見ることによってどんな情報をどのように伝えるべきなのかを分析し、自分たちが取り入れるべき方法を選ぶ思考へと収束させることができました。

④ 子供たちの話し合いの中から、価値ある発言を取り出して深める

ここまで紹介してきた三つに共通するのは、子供たちが主体的に価値ある問いに気付くことができるように働きかけているという点です。

無限に存在するであろう働きかけの中で、私自身が追い求めてきたのは次に紹介する**「子供たちの話し合いの中から、価値ある発言を取り出して深めるタイプ」**です。

これは、徹底的に子供に寄り添い、子供たちが議論をする中ではっきりと本時で話し合うべき問いが焦点化される働きかけです。子供たちの発言を取り上げ、全体化するためには、とにかく子供の思いと教師の思いのずれを埋める調整力が必要となります。

では、いかにして子供たちの思いにフィットさせつつ、価値ある問いに論点を焦点化させていくのでしょうか。

（3）働きかけを設定するために

子供たちの発言から価値あるものを取り上げ、全体化することで、深い学びの姿に向かう働きかけ。それは、まさに子供たちが自ら問題解決を行っていく姿に限りなく近付いている姿だと考えています。

子供たちがどんな情報を収集し、どのように分析をするのか。さらに、どのように思考が拡散し、どこで収束する可能性があり、その収束した問いに対してどんな思考と処理を期待するのか。これらのイメージを鮮明に思い描くことが重要です。

とりわけ大切なのは、**子供の思考の流れをつかみ、イメージすること**です。できる限り、無理のない授業のストーリーにおいて、子供の求めに応じた自然な手立てとして、働きかけを考えなければなりません。

① 子供たちの思考をつかむ

子供たちの今の思考をつかむには、大きく分けて二つの場面・方法が考えられます。一つは、**授業を迎える前まで**の子供たちの様子をつかむことです。二つめは、**授業の中で**子供の様子をつかむことです。授業では、発言や表情、挙手の数で、子供たちの様子を即時的につかみ、フィードバックしていくこととなります。

一方、授業を迎える前の段階ではじっくりと子供の思考をつかむ努力をすることができます。例えば、次のような手順で、子供の思いや願いを視覚的に明らかにすると、子供の思考に沿うことができそうです。

①明確な課題設定をもとにした十分な情報収集を行い、文字言語で個人が考えを記録する
②個々の考えを座席表に記録する
③座席表全体を俯瞰し、学級全体として何を感じているのか、本時のねらいに迫る考え方がないかを読み込む
④授業では、本時目標に迫る子供の言葉を取り上げ、焦点化する「問い」を設定する（働きかけ）

授業を行う前に、教師ができることは、子供たちの事実を素直な目で見とり、できる限り把握することです。

まずは、「①明確な課題設定をもとにした十分な情報収集を行い、文字言語で個人が考えを記録する」ようにします。単元、または小単元において設定した必要感のある課題を解決するための情報を集め、それらの情報についての分析及び考えをしっかりと文字言語で個々が記録します。

復興支援の事例に話を戻しましょう。

子供たちは、自分たちで復興支援商品を作る前に、まず復興支援団体が作っている復興支援商品を分析したいと考えました。そこで、実際に見たり、味わったりしてみて、「復興支援商品づくりで大切にすべきことは何か」を話し合いから明らかにしてみることにしました。次の記述は、一人の子供が商品を味わった後に記述した内容です。

> 実際に復興支援商品を食べてみて、ぼくは岩手県の食材をなるべく使いたいなと思いました。理由は、岩手県の人たちの思いも詰まっているし、やっぱり手間もかかっているので、それを使えば岩手県の人たちとつながれると思いました。のしいかからは、ふくろ詰めやシール貼りも全て震災を経験した方々がやっていて、やさしい味だなと感じました。やっぱり手でやってくれているのでやさしくてちょうどいい味だと思いました。自分たちも気持ちを込めるだけではなく、つながれるように頑張りたいと思いました。

次に「②個々の考えを座席表に記録」します。実際の座席表が資料13となります。子供の多様な考え方の芽を教師が見付けることを目的として作成します。

座席表を作成する際は、注意しなければいけない点があります。子供が記述した全ての文章を打ち込むことはできないので、要点を抜き出していくことになります。その際に、

黒　　　　板

ラベル等の見た目を大切にするとよい。サイダーのラベルがとても分かりやすい。味は、意識しないとふつうと変わらないところがある。	人の役に立つ商品を作ることが大切。のしいかについては、どんなに苦しくても人に役立つものを作るという姿勢に感動した。その期待を背負って頑張りたい。	ネーミングを大切にすること。のしいかも、高校生が名付けている。商品には、復興支援の意味が込められているので、自分たちの思いを込めた名前を付けたい。	せんべいは５種類の味があるせんべいで、必ず岩手県の食材を使っている。自分たちが復興支援の商品を作る際には、横浜市のよさも入れていきたい。
岩手県の塩を大切にしたい。この塩を使うことで、岩手県の人たちとつながることができると思うから。どうやって出来上がったのかストーリーも大切にしたい。	全体的に自分たちの住む町を大切に思う気持ちが必要。おせんべいをはじめとする商品全てから、岩手県を大切にする思いが伝わってきた。	見た目を大切にしたい。クッキーやのしいかは筆で書いたような素敵なデザインだから。作り方も大切にしたい。のしいかが、手作業で心を込めていてまねしたい。	ネーミングやラベルで、お客さんを引き付けること。味が大切、どの商品もそれぞれの素材の味をしっかりと感じることができるように作られている。元気になってもらいたい思いを込める。
味を大切にしたい。せんべいでは、しっかりと素材の味を味わうことができた。せんべいでは、わかめや黒糖、しそ等の味がして、見習いたいなと思った。	ラベルを大切にした方がよいと思う。そのデザインや名前の由来をのせること。味を大切にしたい。復興支援の会の商品のように、子供も大人も笑顔になってくるものを作る。	欠席	ネーミングにも、力を入れた方がよいと思う。のしいかは、高校生が命名している。せんべいの名前は、「いろいろな人の助けを借りてここまできた」ことが伝わる。

心を大切にしたい。のしいかでは、袋詰めやシール貼り等を岩手県の方々がやっていて、こういう協力する心を大切にしたい。味では、機械的なおいしさではなく、心があたたまるお菓子にしたい。	商品の名前付けが大切。せんべいや他の商品もとっても名前がいい。岩手県の食材も多く使えるといい。味の部分で、クッキーは市販のものとの違いが分からなかった。	覚えやすくて意味があるネーミング。小さい子から大人まで食べてほしいという気持ち。つながりのあるものを使うこと。せんべいでは、岩手県のものや沖縄県産のものを使っていて、やさしさを感じること、こだわりをもつことも大切。	材料を大切にすること。地元の食材を使っていること。サイダーもクッキーも岩手県の塩を使っている。せんべいは、食べると絆が深まるような気がした。
岩手県を代表する食材を使うことが大切。その食材を使うことで、岩手県の方々の利益となる。気持ちが大切。これからきっとたくさんお世話になるから、最後はしっかりと恩返しができるようにしたい。	お菓子の名前が大切だと思う。復興支援につながるような名前にしたい。味も大切だと思う。サクサクじゃなくて、ふわふわだから、自分たちもそれに近いお菓子を作りたいと思った。	全部の商品に塩が入っていて、食べてみておいしかったので、開発するときに塩を使いたい。特にサイダーは、飲んでみると、塩の味、においがしておいしい。	岩手県産の食材にこだわること。せんべいの主な原材料も、岩手県のものが使われていた。味では、クッキーのように、体によさそうなやさしい味を目指したい。

資料13　座席表（授業前の子供の事実）

問い：「復興支援商品作りで大切にすべきことは何か？」

座席表に記述

岩手県の食材をなるべく使うこと。それを使うことによって、岩手県の人たちとつながりが生まれる。のしいかは、ふくろ詰めやシール貼りを手作業で行っていて、ありがたかった。	材料を大切にすること。どの商品にも岩手県産のものが入っている。思い（絆）を大切にすること。せんべいは、絆を表している。
岩手県の食材を大切にすること。せんべいを見てみると、材料は主に岩手県産が多い。岩手県の味を大切にする。全体的にうす味。そこから、やさしさを感じた。	岩手県の材料を使って、恩返しの商品を作ることが大切。クッキーやのしいかの味は、ふつうとそんなに変わらなかった。
岩手県の塩を使いたいと思った。せんべい、クッキー、サイダー全てに岩手県の塩が使われているから。材料を大切にすること。それが、地域貢献につながる。	岩手県のものを使うことが大切。岩手県のものを使うことで、復興支援につながる。どんな商品を見ても、必ず岩手県の塩が使われている。

自分たちは、岩手県と横浜市をコラボした商品を作りたいのだから、岩手県の塩を使いたい。ストーリーも大切にしたい。どの商品にも深いストーリーがあるから、自分たちもまねしてみたい。	お菓子のラベルが大切だと思った。「復興プロジェクト」という文字が入っていることで、自分たちの活動の内容を伝えることができる。それによって、見た人が購入したくなる。
気持ちが大切だ。商品の材料で、必ず岩手県とのつながりがあるから、絆を大切にしたい。全部おいしかったけれど、クッキーはふつうのクッキーに感じた。	ネーミングを大切にしたい。せんべいやのしいかのように、見ただけで手に取りたくなるようにしたい。岩手県の食材を大切にしたい。岩手県の塩を使うことで岩手県とのつながりをつくることができる。

子供の記述内容（全文）

実際に復興支援商品を食べてみて、ぼくは岩手県の食材をなるべく使いたいなと思いました。理由は、岩手県の人たちの思いも詰まっているし、やっぱり手間もかかっているので、それを使えば岩手県の人たちとつながれると思いました。のしいかからは、ふくろ詰めやシール貼りも全て震災を経験した方々がやっていて、やさしい味だなと感じました。やっぱり手でやってくれているのでやさしくてちょうどいい味だと思いました。自分たちも気持ちを込めるだけではなく、つながれるように頑張りたいと思いました。

教師の主観で「きっとこれが言いたいことだろう」「これは書いてあるけど、言わないはずだ」などと**決めつけてしまわないこと**です。たいていの場合、授業で教師が求めているような発言が、想定している順番で出てくることなどありません。

また、隅に書いてある考えを実は当人は大切にしていて、そこを一生懸命に語ることもあります。だからこそ、本当に何を伝えたいのか、子供の中の真実をフラットな目で見極める必要があります。

次に、「③座席表全体を俯瞰し、学級全体として何を感じているのか、本時のねらいに迫る考え方がないかを読み込む」過程へと移ります。

この本時（七〇時間分の一二時間目）では、小単元で育成を目指す資質・能力をもとにして、「復興支援商品について調べたことを話し合う活動を通して、商品開発を進める上で大切にしなければならない思いや考え方に気付き、横浜と岩手の町のよさを生かした自分たちのお菓子作りに何を取り入れていけばよいか考えようとする」という本時目標を設定しました。

この目標と先程の座席表を照らし合わせ、授業をデザインしていきます。座席表をよくよく分析していくと（資料14）、「復興支援商品と言われているけれど味はふつうのものとそんなに変わらない」と考えている子が四名いることに気付きました。クラスの多くの子供たちは、「あたたかい味がする」という分析をしていました。その商品は、普段、量販店などで買って食べることができないため、その希少性や、それぞれの商品に込められた思いをパンフレット等で事前に知っていたからこそ、至った分析なのだと思います。このような分析自体は、生産者の思いを感じ取った十分に素敵な考え方と言えます。

しかし、実際に自分たちが生産者として商品開発をする場合には、消費者が味は変わらないと感じてしまう可能性やパッケージやラベル等で付加価値を付けているという事実に気付き、それを肯定的に捉える必要があります。

そこで、働きかけとして、「味は変わらない」という発言を取り上げ、「復興支援の商品を『やさしい味』って感じるのはどうしてなんだろう」という問いを全体化するという流れを想定しました。

② 授業にフィットさせる

ここまで考えて、いよいよ授業がスタートします。まずは、子供たちが相互に指名し、私はその発言をマトリックスで整理していきました（写真16）。

授業が一五分を過ぎた頃に、ある男の子の

働きかけ：「子供たちの中のずれ」を取り上げて、全体で考えることにより本当に大切な復興支援商品の価値に迫ることができる！

板

人の役に立つ商品を作ることが大切。のしいかについては、どんなに苦しくても人に役立つものを作るという姿勢に感動した。その期待を背負って頑張りたい。	ネーミングを大切にすること。のしいかも、高校生が名付けている。商品には、復興支援の意味が込められているので、自分たちの思いを込めた名前を付けたい。	せんべいは5種類の味があるせんべいで、必ず岩手県の食材を使っている。自分たちが復興支援の商品を作る際には、横浜市のよさも入れていきたい。
全体的に自分たちの住む町を大切に思う気持ちが必要。おせんべいをはじめとする商品全てから、岩手県を大切にする思いが伝わってきた。	見た目を大切にしたい。クッキーやのしいかは筆で書いたような素敵なデザインだから。作り方も大切にしたい。のしいかが、手作業で心を込めていてまねしたい。	ネーミングやラベルで、お客さんを引き付けること。味が大切、どの商品もそれぞれの素材の味をしっかりと感じることができるように作られている。元気になってもらいたい思いを込める。
ラベルを大切にした方がよいと思う。そのデザインや名前の由来をのせること。味を大切にしたい。復興支援の会の商品のように、子供も大人も笑顔になってくるものを作る。	欠席	ネーミングにも、力を入れた方がよいと思う。のしいかは、高校生が命名している。せんべいの名前は、「いろいろな人の助けを借りてここまできた」ことが伝わる。

商品の名前付けが大切。せんべいや他の商品もとっても名前がいい。岩手県の食材も多く使えるといい。味の部分で、<u>クッキーは市販のものとの違いが分からなかった。</u>	覚えやすくて意味があるネーミング。小さい子から大人まで食べてほしいという気持ち。つながりのあるものを使うこと。せんべいでは、岩手県のものや沖縄県産のものを使っていて、やさしさを感じること、こだわりをもつことも大切。	材料を大切にすること。地元の食材を使っていること。サイダーもクッキーも岩手県の塩を使っている。せんべいは、食べると絆が深まるような気がした。
お菓子の名前が大切だと思う。復興支援につながるような名前にしたい。味も大切だと思う。サクサクじゃなくて、ふわふわだから、自分たちもそれに近いお菓子を作りたいと思った。	全部の商品に塩が入っていて、食べてみておいしかったので、開発するときに塩を使いたい。特にサイダーは、飲んでみると、塩の味、においがしておいしい。	岩手県産の食材にこだわること。せんべいの主な原材料も、岩手県のものが使われていた。味では、クッキーのように、体によさそうなやさしい味を目指したい。

資料14　座席表を俯瞰し、考えを読み込む

問い：「復興支援商品作りで大切にすべきことは何か？」

黒

岩手県の食材をなるべく使うこと。それを使うことによって、岩手県の人たちとつながりが生まれる。のしいかは、ふくろ詰めやシール貼りを手作業で行っていて、ありがたかった。	材料を大切にすること。どの商品にも岩手県産のものが入っている。思い（絆）を大切にすること。せんべいは、絆を表している。	ラベル等の見た目を大切にするとよい。サイダーのラベルがとても分かりやすい。味は、意識しないとふつうと変わらないところがある。
岩手県の食材を大切にすること。せんべいを見てみると、材料は主に岩手県産が多い。岩手県の味を大切にする。全体的にうす味。そこから、やさしさを感じた。	岩手県の材料を使って、恩返しの商品を作ることが大切。クッキーやのしいかの味は、ふつうとそんなに変わらなかった。	岩手県の塩を大切にしたい。この塩を使うことで、岩手県の人たちとつながることができると思うから。どうやって出来上がったのかストーリーも大切にしたい。
岩手県の塩を使いたいと思った。せんべい、クッキー、サイダー全てに岩手県の塩が使われているから。材料を大切にすること。それが、地域貢献につながる。	岩手県のものを使うことが大切。岩手県のものを使うことで、復興支援につながる。どんな商品を見ても、必ず岩手県の塩が使われている。	味を大切にしたい。せんべいでは、しっかりと素材の味を味わうことができた。せんべいでは、わかめや黒糖、しそ等の味がして、見習いたいなと思った。

自分たちは、岩手県と横浜市をコラボした商品を作りたいのだから、岩手県の塩を使いたい。ストーリーも大切にしたい。どの商品にも深いストーリーがあるから、自分たちもまねしてみたい。	お菓子のラベルが大切だと思った。「復興プロジェクト」という文字が入っていることで、自分たちの活動の内容を伝えることができる。それによって、見た人が購入したくなる。	心を大切にしたい。のしいかでは、袋詰めやシール貼り等を岩手県の方々がやっていて、こういう協力する心を大切にしたい。味では、機械的なおいしさではなく、心があたたまるお菓子にしたい。
気持ちが大切だ。商品の材料で、必ず岩手県とのつながりがあるから、絆を大切にしたい。全部おいしかったけれど、クッキーはふつうのクッキーに感じた。	ネーミングを大切にしたい。せんべいやのしいかのように、見ただけで手に取りたくなるようにしたい。岩手県の食材を大切にしたい。岩手県の塩を使うことで岩手県とのつながりをつくることができる。	岩手県を代表する食材を使うことが大切。その食材を使うことで、岩手県の方々の利益となる。気持ちが大切。これからきっとたくさんお世話になるから、最後はしっかりと恩返しができるようにしたい。

「言ってはいけない、失礼なことかもしれないけれど、正直なところ、味は市販の商品とそんなに変わらない気がする」

という発言から授業が動きだします。

授業者の私からすると、手応えを感じる瞬間です。拡散的に復興支援商品の特徴を分析していた流れから、価値ある問いへと収束していく場面と言ってもよいでしょう。しかし、数名の発言やクラスの子供たちの表情から、事前に準備していた「やさしい味と感じるのはどうして？」という問いでは、フィットしない雰囲気を感じ取りました。

実際に子供たちの多くが、「やさしい味だ」と感じていたことに違和感をもち始め、「本当に市販のものと変わらないのではないか」と考え始める子供たちが増えていることがつぶやきから分かってきました。「やさしい味」ということ自体に違和感をもち始めている子供たちに対して、「やさしい味と感じるのはどうして？」という問いを投げかけても、子供たちにとっての本当に考えたい問いとなるはずがありません。

そこで私は少し考えた後、子供の発言を生かして、

「〇〇さんは、市販のものと実は、味が変わらないと感じているらしいのだけれど、『のしいかとクッキーは、市販と変わらないのかな』。みんなはどう思う？」

写真16　構造化された板書で思考のまとまりや傾向を可視化する

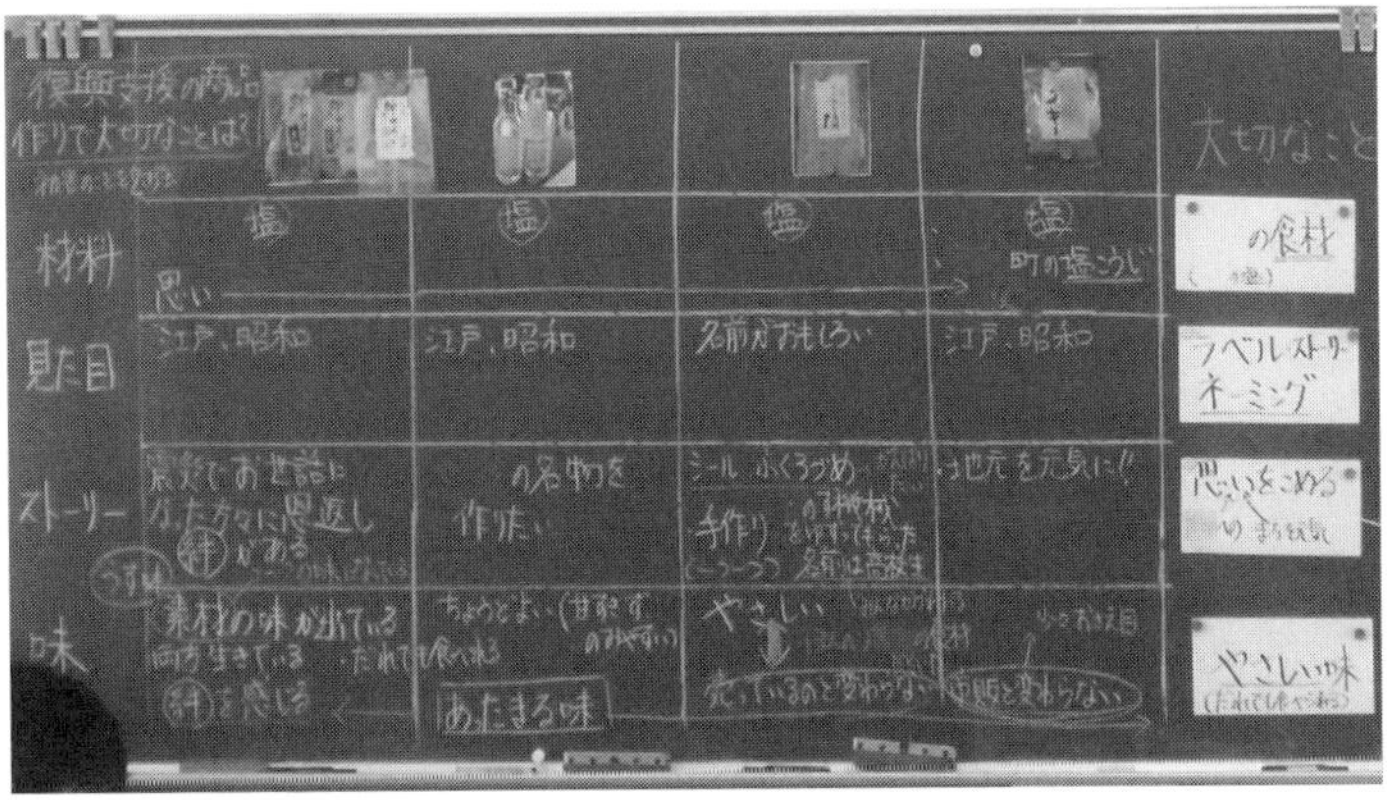

と問いを整理して、子供たちに示しました。

そうすることで、子供たちが考えたい内容と齟齬《そご》のない形で問いを提示することができたのです。

ポイント4　切実感・必要感のある話し合い

先程の問いは、子供たちの本当に「話し合いたい」という必要感を高めることにつながりました。このように、子供たちが真の意味での対話を行うためには、**話し合いたい、話し合わなければならない**と感じる共通の問いが焦点化され、全体に認識される必要があります。

それは、子供たちの、「本当かな」「合っているのかな」「確認したいな」「絞らなければいけないな」という思いによって生まれてくる問いです。子供たちにとって、授業の問いは誰かから与えられたものであってはならないのです。

そして、「その問いについて話し合うことは自分たちにとって意味がある」と自分たちで自覚している状態であることが重要です。

一方、教師には、切実感や必要感を感じているという状態を授業の中で瞬時に察知する力が求められます。

私は、具体的に、次のようなことなどを子供たちが切実感・必要感を感じている指標としています。

○「あれ？」とか「おや？」という反応やつぶやきがある状態
○「うーん」と、思わず声が漏れてしまう状態
○本当に悩んで沈黙している状態
○周りの友達と相談を始めている状態

察知できるかどうかについては一見、教師の感覚や感性によるところが大きいように感じてしまうかもしれません。しかし、本当に子供たちが目の前にある問題について自分たちが何とかしなければならないと感じている状況を**察知できる感度**を高めることはできるはずです。

まずは、前述の四つの状態を、子供たちの様子をキャッチする上での参考としてみてください。

私は、クラスの中の二〜三人が感じていた、「味がそんなに変わらないのではないか」という本質的な疑問を全体化しました。それによってクラスの中で「今まで自分たちが感じてきたことは本当なのだろうか」という疑問が生まれてきました。

どうやら拡散的に議論をしている際に、構造化された板書や思考ツールを使って思考のまとまりや傾向を整理することで、情報の特性を可視化する方法には思考を収束させていくための効果がありそうです。

思考のまとまりや傾向が可視化されることで、子供たちは自分たちで認識のずれを自覚したり、どうしても確かめなければならない問いを見付けたりすることができるようになっていきます。

また、子供たちの純粋な疑問を追究していく際に大切にしたいのは、子供の言葉であり、子供の感性です。だからこそ、私は先ほどの「市販のものと変わらないのか」という問いを設定した場面で、最初から準備していた問いをそのまま投げかけるのはやめにしました。子供たちが本当に考えたいと感じている問いとずれてしまうことが分かったからです。

やはり、子供が切実感をもって、本気で考えたいという問いとずれてしまっていると感じたら、**潔く想定を捨て去る勇気**が必要です。

授業内で子供たちの思いに沿った働きかけをどれだけ自然に調整できるかが、教師の授業力の大きな要素と言えるでしょう。実物等をタイミングに合わせて提示する場合も同様に、子供たちの求めに応じて出すようにしたいものです。

「切実感・必要感のある話し合い」のカギ：
○子供たちは、話し合う意味を自覚していること
○教師は、「働きかけ」を子供たちの求めに応じて調整すること

ポイント5

話し合うプロセスの明示

授業で議論が焦点化され「問い」が生まれたときに、その「問い」をどのように解決していくのか、すなわちどのように話し合っていくのかのプロセスを子供と共有しておく必要があります。

中心的な問いが明らかになった後、「何のために**（目的）**、何を**（情報）**、どのように話し合い**（処理過程）**、どんなゴールを目指すのか**（成果）**を子供たちが意識すれば、集団としての話し合いの質の高まりや活性化が期待できます。

先ほど、授業の最後に私が整理した「のしいかとクッキーは市販と変わらないのか」（一九六ページ）という問いについては、「変わる・変わらない」という結果が求められているることが分かります。このときには、クラスで「変わる」「変わらない」という表を作って、三人組でそれぞれの根拠を表に書き入れながら、結論を出すことにしました。

この話し合いでは、

「違いがあるのか、ないのかを明らかにする」（目的）
「復興支援商品のパッケージやラベルを調べたり、自分たちが試食したりした経験から感じたことを列挙する」（情報）
「変わる・変わらないという表に、ディスカッションしながらそれぞれの根拠となる理由を書き入れる」（処理過程）
「表に書き込まれた情報を俯瞰して、理由を付けて判断する」（成果）

というように、話し合うプロセスを明示しました。そうすることで、子供たちは豊かに意見を交換し、新たな価値を生み出したり、知識を結び付けて概念化したりすることができるようになっていきました。

三人組での話し合いの後、クラス全体で考えを共有した板書が写真17です。

「味は実際にそこまで変わらないかもしれない。だけど、商品そのものに込められた思いやストーリーの内容に特色があるのかもしれない。だからこそ、パッケージやラベルでストーリーや原材料をしっかりと伝える必要がある」

このような気付きに至ることができました。子供たちは、「違いは確実にある」という

写真17　クラス全体での共有

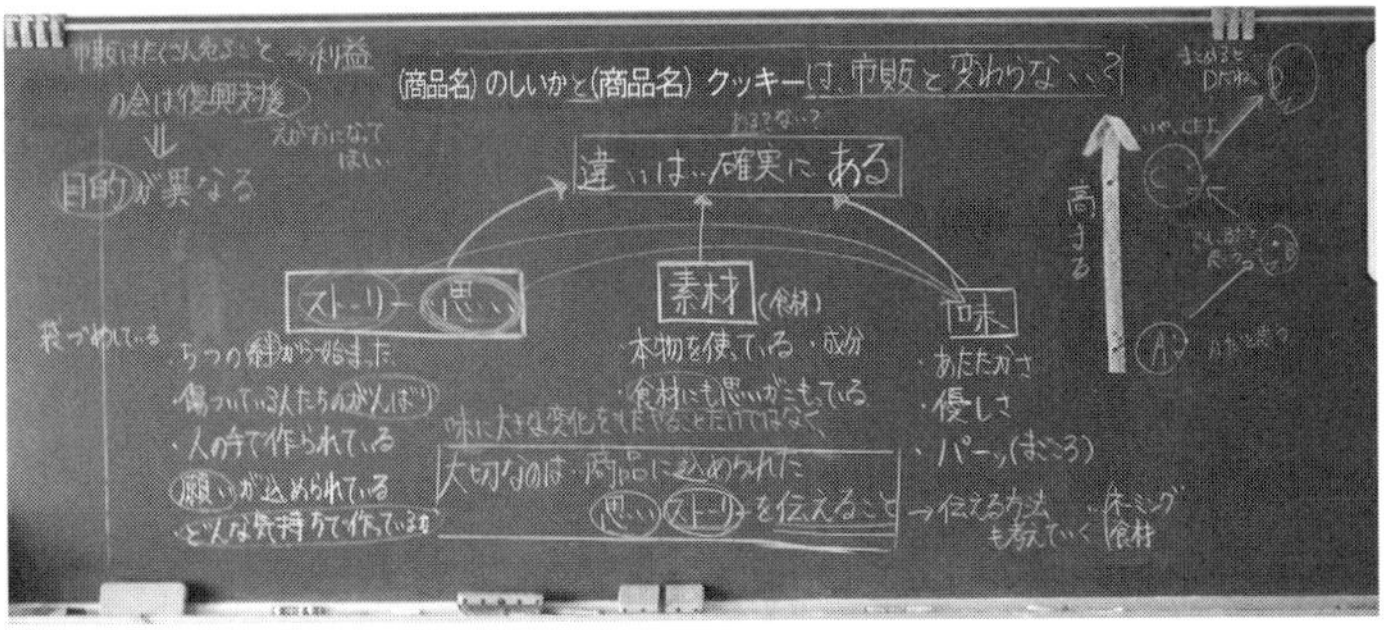

結果を出した上で、三人組での話し合いのプロセスを振り返り、「ストーリー」「素材」「味」という視点で違いがあると考えた理由を話すことができました。

もちろん、市販されている多くの商品にも思いやストーリーは十分に込められていますが、それらを味に表現することは難しいこと、またそれを消費者が感じ取ることはさらに難しいこと。だからこそ、復興支援商品は、その性格上、パッケージやラベルから商品が生まれたストーリーを追うことで見えてくるものがあること。

この話し合いによって、復興支援商品のよさって一体何？　というまっさらな視点で、復興支援商品の本質に迫ることができたと考えています。

「話し合うプロセスの明示」のカギ：
○何のために（目的）、
○どの材料を使って（情報）、
○どんな風に話し合い（処理過程）、
○どんな結果を出す（成果）のかを明示すること

ポイント6　振り返りの充実

音声言語を用いた対話の効果として、

「友達や先生へ自分の考えを説明することによって知識や技能が構造化されること」

「友達と考えを交流することで、新たな知識や概念を共に生み出すこと」

が考えられます。


しかし、対話しっぱなしではなく、文字言語を用いて自分の考えをじっくりと書き留める行為を積み重ねていくことで、学んだ知識や概念がしっかりと定着すると考えています。

写真18　「振り返り」から見る概念の変化

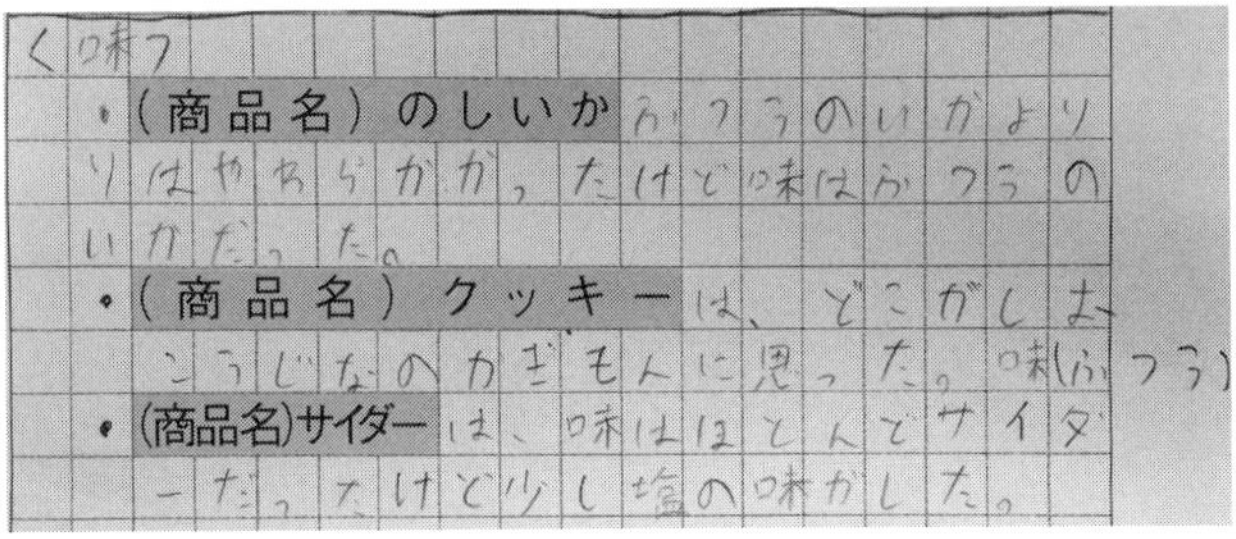

「味はふつうと変わらない」

↓

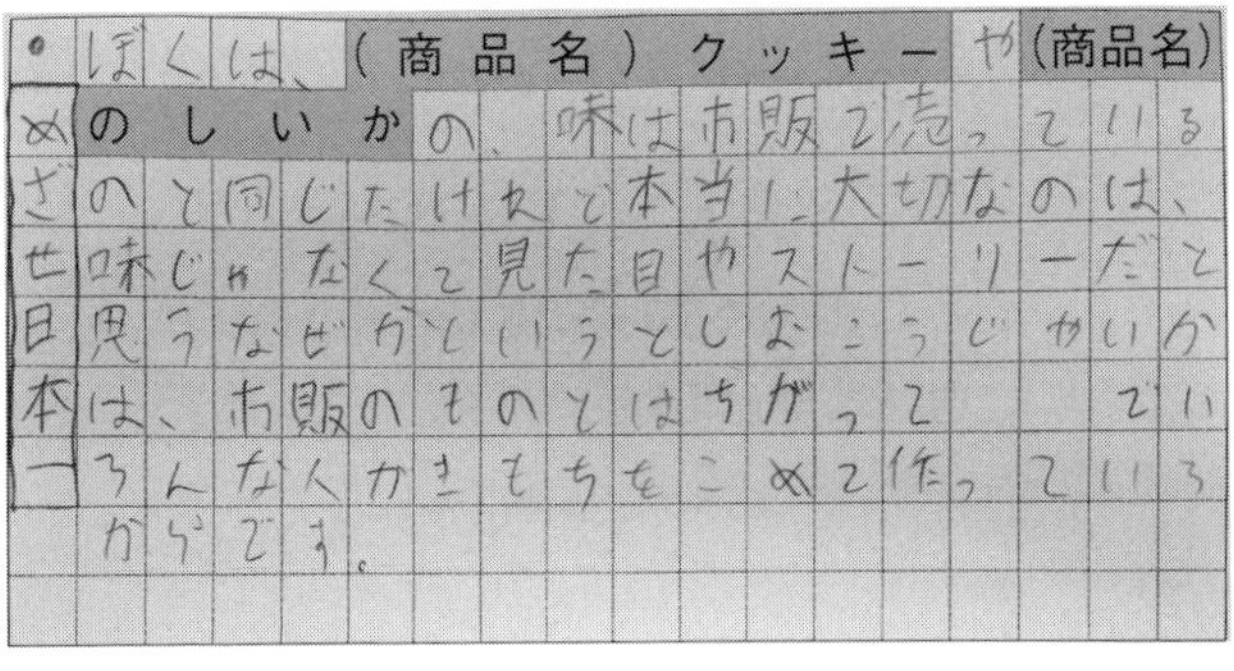

「復興支援の商品で本当に大切なのは見た目やストーリー。
岩手県でいろんな人が気持ちを込めて作っているから」

これこそが「振り返り」と呼ばれる行為で、自分自身の学びをメタ認知することにつながります。

(1) 振り返りの実際

写真18の振り返りは、先ほどの復興支援商品に関わる話し合いの振り返りです。上段が個人で復興支援商品を分析した後のもので、下段の振り返りは、授業で話し合いを終えた後のものです。

同じ子供が書いた振り返りですが、復興支援商品というものの概念が変化している様子を読み取ることができます。これらは、論点が焦点化されることによってもたらされた変化だと考えることができます。

この様子から、振り返りの機会を設けることによって、子供たちの学びを確かな知識及び技能として定着させることができていると考えることができるのではないでしょうか。感じ取ったことを時間とともに忘れ去ってしまわないように、汎用的な資質・能力としての知識及び技能を身に付けることができるようにすべきです。

せっかく他者との対話でたどりつくことのできた成果をその場限りのものとせず、これからも必要に応じて使える状態にして整理しておくというイメージです。

(2) 振り返りの視点

振り返りの重要性は明らかになってきましたが、ここではどのような視点で振り返りを書くことによって、学びを確かなものにしていくことができるのか考えてみましょう。

私は、次の三つの視点を示し、子供たちが自分の書きたい内容に合わせて、視点を組み合わせながら振り返りを書いてもらうようにしています。

① 分かったことについての振り返り

分かったことについての振り返りは、子供にとって非常にシンプルで理解しやすいと思います。授業での課題に対しての答えや分かったことを、学級で議論した結果を踏まえて、書くことになります。

私は、「今日の話し合いで分かったことや気付いたことがあったら書いてね」と伝えています。

今日の話し合いでは、復興支援商品には違いがあることが分かった。それは、思いやストーリーだった。その違いは、ラベルや素材で表現されていることが分かってきた。

このように、分かった事実やできるようになったことを中心に記述することになるため、振り返りを書くことに慣れた子供たちは、黒板を**二次的な情報として活用しながら、自分なりの解釈を加えて書いている姿**が見られるようになります。

新たに知ったことやこれまでに得た知識や技能を活用することによって得られた概念的知識について書かれることを期待しています。

② 学び方についての振り返り

学び方についての振り返りは、先ほどの分かったことに比べて、意識的に書かなければ見過ごしてしまう視点でもあります。私が子供に説明する場合には、

「学習の仕方や話し合い方でこれからも役に立ちそうだなって思ったところがあったら、書いておいてね」

というように伝えるようにしています。

> 今日、みんなで考えるポイントが分かったときに、三人組で考える技（思考ツール）を使ったから、結論が出たと思う。理由をしっかりと記録しながら、整理したからちゃんと結論を出すことができたと思う。

このように、**問題解決のプロセスをメタ的に捉えた表現**となることが多いです。自身の思考のプロセスを振り返り、どうやって結論にたどりついたのかについて書かれることを期待しています。

私は、この学び方に関する振り返りを書くように強制しないようにしています。それは、あまりにも学びのプロセスに目を向けすぎることで、子供たちが本当に感じていること、心から書きたいことに向かう意識を削《そ》いでしまうことがあるからです。授業で特徴的な学び方が見られた場合や、子供たちが学び方について手応えを感じている場面で書くように伝えています。

③ 自分自身のこれからや生き方に関わる振り返り

自分自身のこれからや生き方に関わる振り返りについては、「これまで学んできた感想、これから生かしたいこと（これからの自分に役立ちそうなこと）があったら書いておいてね」

というように視点を子供たちに示すようにしてきました。

とりわけ「これからや生き方」に関わる部分に関しては、これまでの学びを俯瞰して振り返った内容を文章化することになります。

自分たちが復興支援商品を開発するときに忘れてはいけないのは、どんな思いをもって作ったのかを伝えるということだと思いました。確かに、丁寧に作ることで、味に思いを込めることも重要だと思います。だけど、復興支援商品の価値は味に大きな変化をもたせることではなく、商品に込められた思いやストーリーをラベルやパッケージでもしっかりと伝えることなのだと分かってきました。だから、自分たちが作るときにも、「岩手県と横浜市のつながりをつくる」という思いがしっかりと表現されたお菓子にしたいです。

このように、一連の学びのプロセスから得た経験によって、**導き出された知識や思いが自分自身のこれからや生き方を考える上での礎となります**。自分自身の学習に向かう態度や生き方、人との関わりについて書かれることを期待しています。

振り返りの視点をクリアに示す利点を感じつつも、一心不乱に感想として文章化する中でこのような表現が生まれる場合が多いように感じています。視点を示しすぎることによって、子供の思考を限定的なものにしてしまう可能性もあると考えます。理想は、子供たちが自由に視点を定め、自分の学びについて振り返り、学びをメタ認知するところにあります。このようなことから、視点の示し方についてはより一層の研究が必要だと考えています。

「振り返りの充実」のカギ：
○分かったことについての振り返り
○学び方についての振り返り
○自分自身のこれからや生き方に関わる振り返り

(3) 振り返りを次の授業へとつなげる

子供たちは振り返りによって、自分自身の学びを自覚化します。では、私たち教師はこの振り返りをどのように生かしていくべきなのでしょうか。

私は振り返りについては、情報収集の後の子供の分析的な記述とは明確に分けて扱うようにしています。つまり、次の時間にどの子の何を取り上げていくのか、というような材料としては取り扱っていないということです。

一人一人の子供が、現在の学びを通してどのように育っているのかをまずは大切に読み取ります。次に、何を課題に感じていて、何をしたがっているのかを知るための手がかりとします。

振り返りが課題を設定した後の情報集収の後に書く分析的な文章と大きく異なるのは、一つの問いに対する答えを導き出すための文章ではないということです。「振り返り」はもっと自由で、子供が自分のために書くものであるという位置付けをしています。だからこそ、子供の本音や成長を見とることができる文章となります。

とにかく、**子供の成長と思いや願い、問題意識を知るための文章として大切に扱う**ようにします。振り返りを子供の状態をつかむための大切な情報源として、丁寧に扱っていくことで、子供の思いから離れてしまわない学びのプロセスをデザインすることが可能となります。

このようにプロセスを精緻にデザインすることは、決して教師の思いどおりに授業を流すためのレールをつくり込むこととは意味が異なります。

むしろ、子供たちが**縦横無尽に思考を拡散させ、自分たちで価値ある問いを見付け、議論をすることによって概念を形成していくという営み**を保障するための準備をしていると言えます。できる限りの準備は事前にしておくというわけです。

考え得る限りのパターンを準備しておき、子供たちがどんな発想をしようとも、教師は子供に寄り添い続け、共に考え、しっかりと価値ある学びを積み重ねていくことができるようにしたい。

それこそが、プロセスを精緻に描くという考え方の根幹にあるマインドなのです。

第４章

教師のポリシー

あまりにも未知な世界を前に、

私たちはどこへ行きたいのか？

それから、どう歩きたいのか。

毎日、この胸に問いかける。

授業のビジョンを支える三つのポリシー

1　四五分間のライブ

かつて「鵜飼い」と呼ばれた私の授業は、子供たちを型にはめている授業に他なりませんでした。

予定調和の何のおもしろみもない授業。

実際、授業の中では子供たちの対話は生まれず、新たな気付きや学びが生まれることもありませんでした。

教師の想定どおりに進む授業のつまらなさ、学びの薄さを実感し、授業への価値観を大きく書き換えていくことになったわけですが、今の私は、あの当時より少し成長し、授業は子供たちと共につくっていくライブの現場だと捉えるようになりました。

言うまでもないことですが、ライブの主役は子供たちです。翻《ひるが》えって、教師の役割とは、**「主役たる子供たちの発言、行動や態度が表していることを捉え、本時での意味を判断し、反応すること」**こそとりわけ重要であると考えます。

子供と共につくる四五分間はライブであるからこそ、予想されていた発言や、そうではない発言も入り交じって様々な言葉や行為が表出されます。すると、教師にはより直感的な判断が求められます。

どのように反応しようかと迷っているうちに、子供たちの学習はさらに先へと進んでいきます。主体的に学ぶことができる学級ほど、子供たち自身で話し合いを進めることができるため、瞬時に高度な判断が求められる傾向があります。

授業を行う以前の教材研究や指導案検討の過程では、同僚と共に授業内容の検討を重ねることができるでしょう。しかし、一度授業がスタートしてしまえば、基本的に数十名の子供と一人の教師によって、授業のストーリーが紡がれていきます。だからこそ、教師の言葉や振る舞い等の「反応」、その質が問われます。

この「反応」は、**瞬間的かつ直感的**であるからこそ、それを支える土台となるポリシーが必要となるのです。

2 ポリシーを明確にもつ意味

授業で、想定外の発言が飛び出したとき、あるいは判断に迷うような言動に出くわしたとき、みなさんはどのように反応していますか。

「あのとき、こう言えばよかった」

「もっと、価値付けることができたんじゃないか」

「もしかすると別の意味があったのかもしれない」

私は、後から悔しい思いをしたことがたくさんあります。

最適な反応をしたいからといって、授業中に隣の教室にいる先生に相談に行ったり、子供たちを待たせて本で調べたり、自分がこれまで書きためてきたノートを参照したりすることは基本的にできません。言葉や行為の奥にある意味を的確に捉え、一瞬で本時の目標に照らし合わせ、即座に反応することが求められています。

子供たちは、自分が発言した内容や学習活動で生まれた成果物に対する教師の反応から、非常に多くのことを感じ取っています。

「この先生は、本当に自分たちの考えをまるごと受け止めてくれる先生なのか」

「自分たちが主体となって学習することを喜んでくれている先生なのか」

それとも……

「授業の流れに沿った正解を望む先生なのか」

子供たちは実に繊細に、私たちの言葉や態度から、「教師の価値観」を感じ取っているのです。

教師は子供たちが理解し、深く思考し、学びに向かう意欲をもつことができるように、適切なタイミング、適切な言葉でフィードバックする必要があります。そのためにも、教師には思考の様式の土台となるポリシーをもち、常に意識的に振る舞うことが求められています。

しかし、自分のもっている**ポリシーが行動のレベルまで自動化されていること**、常に子供たちにとって**適切な反応を高いクオリティで持続することは**、極めて困難です。子供たちの思いが次々に表現されることで、刻々と変わる教室の状況に対応することは、容易なことではないからです。

だからこそ、教師は自分のポリシーを明確にもち、常に自分がそれを意識して行動できているかをモニタリングしていく習慣を身に付けたいものです。

3 まずは子供ありき

まずは、子供ありき。第三章までに論じてきた授業のビジョンの根底にある姿勢です。私にとって、学習者である子供を中心にして、学びをつくっていくという基本の姿勢です。私が授業づくりで、何よりも大切にしていることと言っても過言ではありません。

子供を中心に据え、

○目の前の子供たちが興味・関心をもっていることは何なのか
○目の前の子供たちが本当に考え、追究したいことは何なのか
○目の前の子供たちはどんな順序をたどれば、無理なく考えることができるのか

○目の前の子供たちにとって価値のある学びとは何か

ということを教師は、**徹底的に問い続ける姿勢**をもち続ける必要があるのだと思います。真の意味で子供を大切にするということに他なりません。

自分たちが本当にやりたいこと、自分たちが責任をもってやらなければならないことに本気で取り組む子供たちの目の輝きは、やらされている活動とは比べものになりません。さらに、そうやって発揮した力、身に付けた力こそが本物の資質・能力として、予測できない未来で活用できるものであることは疑う余地はないでしょう。

だからこそ、学びを構想する際には、育成を目指す資質・能力を思い描くのと同じように、子供たちが本当に本気になって学ぶことができる内容や活動であるかをイメージしたいのです。

ここで繰り返し使っている子供ありきという姿勢は、心で強く願ったり、スローガンとして掲げたりすればよいものではありません。その姿勢を教師は**言動として、表出する必要**があります。

私自身が、授業研究を積み重ねる中で、先輩たちから受け継いできた最も大切な子供ありきの姿勢とは、次の三つの具体的なポリシーに他なりません。

○子供たちとの学びを**「共につくる」**
○子供たちの思いや願いを**「受け入れる」**
○子供たちにとって意味のある学びになっているのかを**「考え抜く」**

共につくる

子供ありきだと言いながらも、教科等には、目標と内容があり、教育課程があります。しかし、内容が定められているからという理由で教科書に書かれていることを予定されている時期に予定された時間で教えて、未履修を出さないことに全力を尽くすことだけが重要なのでしょうか。

やっぱり、教師の都合による学習は避けたいのです。

私は、子供たちの立場になって学習対象との出合いや学習過程の創意工夫ができる教師でいたいと思っています。もちろん子供がやりたいことだけ、学びたいことだけを授業で取り扱うのではなく、しっかりと学ぶべき内容は子供たちが当該の学年で学ぶことができるようにマネジメントも行います。

常に自分の都合なのか、子供たちのためなのかを自分に問い続ける姿勢をもち続けることが大切です。教師としての一番の喜びややりがいは、目の前の子供の育ちです。

だからこそ、子供と「共につくる」というポリシーが欠かせないのです。**教師が一人で考え込んでつくったシナリオほどあてにならないものはありません。**

子供たちの考えにしっかりと耳を傾け、本当に価値のあることは何なのかを考え、ときには子供に意見を求めながら、一緒に学びをつくっていくことが重要です。

私はよく子供たちに、

「みんなの考えを聞いたり、様子を見たりしていると、これからの活動の順序をもう一度考えたらいいんじゃないかって思うんだけど、どうかな？」

「（※復興支援の事例で）実際に岩手県のみんなに自分たちの活動に意味があるかどうか聞いてみようかと思うんだけど、どう思う。それで、納得できそうかな」

などと全体に尋ねてみたり、個人に聞いたりして、その活動が本当に価値のある活動になりそうか考え、子供と次の活動について意見を交換します。

結局のところ、学びの主役は子供です。子供たちから、私たちが学べばよいのです。

1　話し合い

学級の子供たちが、進んで自分の考えを伝え合い、新たな価値観や成果物を生み出していく過程は、まさに「共につくる」姿そのものだと言えます。

その際に欠かせないのは、学級の子供たちが**臆せずに自分の考えを伝え合い、受け入れ、磨き上げていこうという風土**だと思います。正直、言いたいことも言えないような学級では、協働的に問題を解決していくことはできません。それほど、学級における話し合いは大切なものです。

しかし、子供たちが豊かに話し合う姿を追い求め、苦労している方も多いのではないでしょうか。私も学級の豊かな話し合いを実現するためにとても苦労してきた一人です。授業中に手が挙がらないことも多く経験してきました。また、研究授業を参観した方から、**「話し合っている風に見えても、実は固定されたメンバーだけが繰り返し話している」**という指摘を受けたこともあります。

そのような経験を繰り返す中で、何とか子供たちに自分の思いや考えを語ることの意味を感じてもらい、自ら進んで話し合う学級にしたいと思い、様々な手立てを模索してきました。

その中で、今も子供たちに伝え続けている二つの内容があります。

一つめは、自分の考えを伝えることの意味や価値についてです。

クラスは、大きな船だとイメージしてみてください。毎日、みんなで一生懸命にオールを漕《こ》いで船をゴールに向かって進めていきます。この船を進めていく上で、進行方向を決める場面が何度も来ます。その際に船の舵をみんなに握ってほしいと思っています。舵をとるということは、クラスでは自分の考えを発言することと同じです。発言することは、自分のクラスの方向を決めることにつながります。だから、決してぼーっと船に乗っていて、いつの間にか進む方向が決まってしまっていた、という事態は避けてほしいです。みんなで順番に、ときには一緒に舵を握りながら、一番よい方向に進んでいくことが大事なのです。先生は、明らかに危険な方向に進みそうになったら、一番後ろからしっかりと自分の考えを伝えます。

共に意見を出し合い、学級をつくっていくことの大切さを一回ではなく、必要に応じて何度も伝えるようにします。

もちろん、この話は、学級の何でも話していいという雰囲気を生み出してくれる万能薬ではありません。しかし、子供たちが自分の考えを表明することの意味や価値を理解するための一助となっているようです。

二つめは、話し合うこと自体の意味や価値についてです。

話し合うことは、たくさんの石や岩をクラスのみんなで集めてきて、その中にダイヤモンドが隠されていないかを探し出す作業と似ています。みんなは、問題を解決するためにたくさんの情報を調べたり、集めたりしてきます。この中にきっとダイヤモンドが隠されているはずだとたくさんの石や岩をクラスに持ち寄ってくるイメージです。次は、どの石の中にダイヤモンドが隠されているのか一つずつ削っていきます。それは、どれが本物なのかをみんなで本気で話し合う場面です。クラスで一つのダイヤモンドを見付けられればいいので、自分の石の中にダイヤがなくても落ち込む必要はありません。大切なことは、クラスでダイヤモンドを見付けるということです。ダイヤが入っていた石を誰が持ってきたかに価値があるのではなく、それぞれが石を持ち寄り、一緒にダイヤモンドを見付けたということが重要なのです。だからこそ、みんなで話し合うことは大切なのです。

ポスターのキャッチコピー、開発するお菓子の種類、学級目標のスローガン等、子供たちがアイディアを出し合い、話し合う場面は学級で山ほどあります。そういった話し合いをする前に必ずこのことを伝えるようにしてきました。

建設的に話し合う経験が少ない子供たちは、自分の意見に固執したり、誰の意見がクラスの決定事項となったのかに重点を置いたりする傾向があります。そういった感覚が、実りある話し合いや互いの思いを通わせ合う学級をつくっていく上で、本質ではないことを、早い段階で子供たちに伝えるようにします。

○話し合いとは、集団で意思決定をしていくプロセスであること
○決して自分の意見を人に押し付け、採用されることに喜びを感じるのではないこと

これらを理解した子供たちは、友達の意見や考えを真の意味で理解しようとし、価値のある原石としてフラットな目で大切に扱えるようになります。

2 話し合いのゴールとプロセス

「最初に、前回の資料をもう一度じっくりと読む時間がほしいです」

「今日は、まずグループで話し合って、その後みんなで話し合いたいです」

授業の中で、こんな発言が子供たちから出てくるようになったら、それは子供たちと共につくる授業に相当近付いていると言えるでしょう。

真正な学びの中で、本気で議論している集団においては、自分たちが何の目標のために話し合っているのかが明確です。目標がはっきりしているからこそ、話し合いは適切な方向に進んでいきます。子供たちは、目標にたどりつくために、どんな方法で学ぶのかを選択することができます。

そういった、子供たちと共につくる授業に近付くために私自身が日々行っていること。それは、**子供たちと一緒に話し合いのゴールとプロセスを決めること**です。

五年生の総合的な学習の時間で、地域のＰＲ動画を作成した際に【単元３参照】、四つのチームが動画で伝えようとしているテーマを互いに確認し合い、決定する場面でのことです。

授業のはじめにまず私が、

「今日の授業のゴールはどうしようか」

と子供たちに問い、ゴールの設定を行います。すると子供たちの中から、

「クラゲチャートで表されている各チームのテーマが決まることです」

と意見が出ます。

付け足しや異なる考えがあるかを確認した後に、「じゃあ、どうやって話し合おうか」

と話し合いのプロセスを子供たちに尋ねます。すると、

「まずは、チームで集まって説明する人と、意見を聞いてくる人で役割を分担したいです。

次に、ワールドカフェの方法（※グループの一人が残り説明をする。他のメンバーは違うチームの考えを聞きに行く。その後もとのグループに戻り、情報を共有する、という流れの話し合いの方法）で他のチームがどんなテーマなのか見に行きます。最後にクラス全体で、それぞれのチームへの意見をもらいたいです」

このように、子供たちに話し合いのプロセスも決定してもらうのです（写真19）。

この話をするとよく質問を受けることがあります。

「子供に決めさせてしまって、大丈夫ですか？」

「本当に子供にできるんですか？」

どちらの答えもイエスです。子供に「決めさせる」というよりは、一緒にアドバイスをしながらゴールもプロセスも設定していくからです。前述のように、教師と子供が学びを共につくることが定着している学級では、教師自身が意見を言うことに対して、子供たちは違和感をもつことなく、**一意見として取り扱う**ことができます。

話し合う順序が効率的ではないと思ったら教師はそのことをしっかりと伝えればよいのです。それを受け入れてくれる集団だったら全く問題ありません。子供たちが「先生の考えでは納得できない」と言うなら、また議論すればいいだけです。

私は、総合的な学習の時間が始まる三年生から積極的にゴールとプロセスを決められるようにしています。はじめは自分たちで上手に設定できなくても、教師と共に考え、何度も実践していくことで可能となってきます。

では、話し合いのゴールとプロセスを設定するよさはどんなところにあるのでしょうか。

それは、子供たちが自分たちの**学びをコントロール（調整）し、メタ認知する力を育成できること**にあると考えています。

「今日は意見をたくさん出す場面だから、思いっきり拡散してもいい場面だ」とか、「今日は、決定する場面だから話し合いを収束させていこう」とか、「今日は、自分たちのこれまでの活動の成果を評価する場面だから、よさ↓課題↓改善点の順で話していこう」というように、**学びの戦略**を子供たちが立てることを目指します。

四五分間の授業のイメージを子供がもつこと。子供にとっては、授業というよりも、**問題解決のための戦略**を思い描くこと。このプロセスを丁寧に子供たちが経験していくことで、どんな学び方をすることが有効なのか、どんな風に学びを調整していくとよいのかを子供たちが体得していくことができるのです。

それこそがまさに、洗練された問題解決を子供たちが身に付けていく過程だとも言えるでしょう。

また、中央教育審議会教育課程部会　児童生徒の学習評価に関するワーキンググループ（第一二回）配付資料「資料1　児童生徒の学習評価の在り方について（これまでの議論の整理（案））」（平成三〇年一二月一七日）にて、

（前略）「主体的に学習に取り組む態度」の評価とそれに基づく学習や指導の改善を考える

**写真19　板書「地域のPR動画作成の際の
ゴールとプロセスの設定場面」**

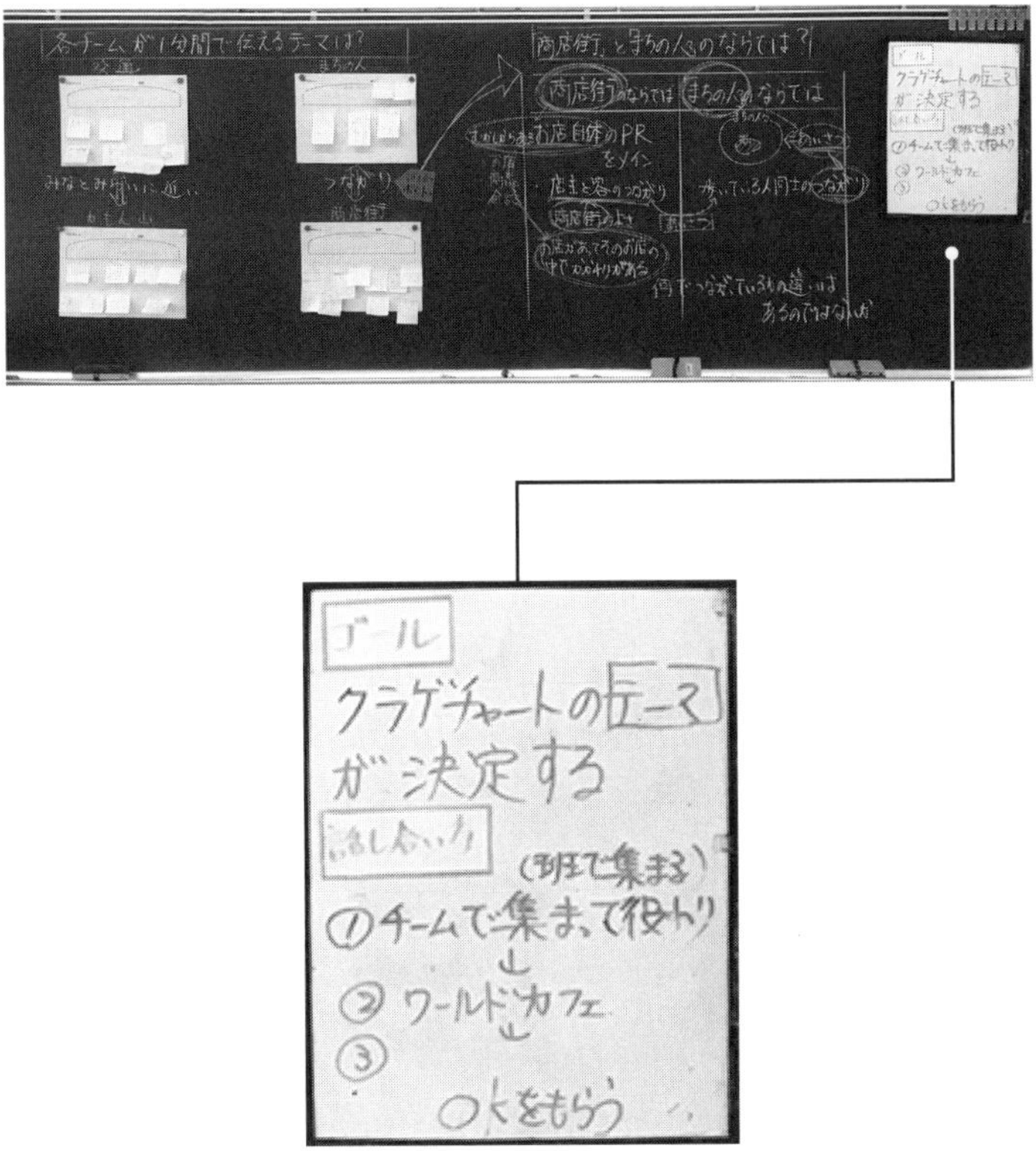

際には、生涯にわたり学習する基盤を培う視点をもつことが重要である。このことに関して、心理学や教育学等の学問的な発展に伴って、自己の感情や行動を統制する能力、自らの思考の過程等を客観的に捉える力（いわゆるメタ認知）など、学習に関する自己調整にかかわるスキルなどが重視されていることにも留意する必要がある。

と、述べられていることからも、「話し合いのプロセスとゴール」を決定することには、大いに意味があることが分かります。

ここまで話してきた子供たちが「話し合いのプロセスとゴール」を設定するということは、第三章のプロセスの精緻化における、ポイント5「話し合うプロセスの明示」と密接に関係しています。

授業の全体の展開をイメージできた子供たちが、さらに焦点化された問いをどのように解決していくのか鮮明に思い描くことができるようにする手立てが、ポイント5「話し合うプロセスの明示」です。

どちらも、「子供たちと共に授業をつくっていきたい」「子供たち自身が自分たちの学びを自覚し、調整しながら学びをつくっていってほしい」という願いから生み出されているものに違いはありません。

「話し合いのゴールとプロセス」によって全体をイメージすること、「話し合うプロセスの明示」によって焦点化された問いにおける話し合いをイメージすること、どちらも欠かすことのできないものなのです。

3 学習環境と話し合いの方法

（1）学習環境（座席）について

学級の座席の配置には、大きく分けて二つの形があります。

① 一斉教授型（全員前向き型）

一般的にイメージする教室の座席の配置です。子供たちは、全員黒板の方を向いて座っています。利点としては、黒板の方を向いているので、教師の話に集中したり、黒板に書かれた内容を視覚的に捉えたりしやすいことが挙げられます。

一方で、よほど子供たちが意識していないと授業中に自分の考えを伝える相手が、教師となってしまうことが欠点として考えられます。

②対話型（コの字型・スタジアム型）

こちらは、コの字に近い形や野球のスタジアムの観客席のような座席の配置です。利点としては、互いの顔や表情が見えやすくなり、自然と友達や学級全体に向かって話すことができるようになります。

一方で、コの字の角を九〇度にしてしまうと場所によっては、黒板が見えにくくなってしまう座席もあるため、角度を調整する必要があります。

どちらかが必ずよいというわけではありませんが、子供たちと教師が互いの顔を見て、対話をしていくことをねらう場合には、②の対話型が適しているように感じます。無理なく自然に互いの顔を見ることができる状況が整っているからです。

これからの学びが対話の中から新たな知識や概念を得ることだと期待するのならば、子供たちが自然と友達と話したくなるような座席の配置を考え、状況に合わせて工夫することも、共に学びをつくる上で大切なポイントだと言えます。

図11　一斉教授型の座席

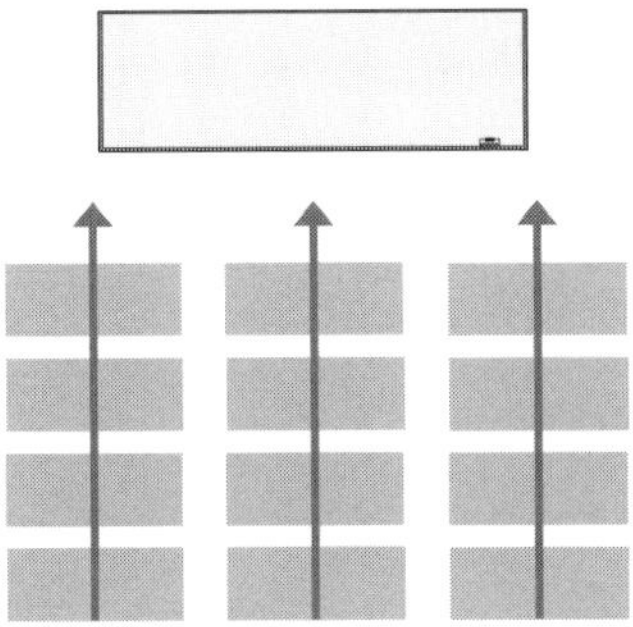

長所：教師の音声言語・板書の視覚情報に集中できる
短所：コミュニケーションが一方向になりがち

図12　対話型の座席

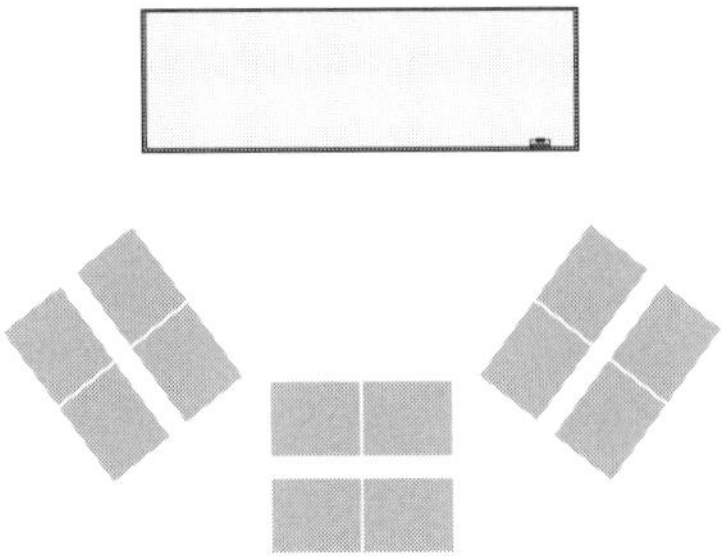

長所：子供が、互いや学級全体に向かって話せる
短所：個々の座席の視覚情報に留意が必要

（2）話し合いの方法について

子供たちが話し合いを進めていく方法には、大きく分けて二つの方法があります。

①意図的指名

これは、教師が一人一人の子供を指名して発言を促す方法です。利点としては、事前に教師が子供たちの発言したい内容をつかんでいる場合に、順番を考えたり、同じ考えをまとめたりしながら、話し合いを進行することができます。

一方で、指名する↓子供が発言する↓板書する↓指名する……という行程を繰り返すので、授業のテンポは決してよいとは言えません。

②相互指名

こちらは、子供たちが互いに指名し合いながら話し合いを進める方法です。利点としては、教師が子供と子供の話の間に介在する必要がないので、とてもテンポよく話し合いが進んでいきます。

一方で、子供たちの指名によって次の発言者が決定されていくので、話し合う内容が交わらない、内容が深まっていかない場合があることが欠点として挙げられることが多いです。

相互指名には、子供たちとの一定の約束や慣れが必要です。その約束とは、次の発言者を指名する際の順番に関わるものです。順番として、**①質問→②同じ→③異なる**、という優先順位を付けて次の発言者を選ぶようにします。手を挙げて発言したい子はまず「質問です」「同じ考えがあります」「異なる考えがあります」というように、自分の立場を表明します。これを聞いて、発言を終えた子供が次の子供を指名します。

「①質問」を最初にしているのは、**分からないこと、聞きたいことがある子をそのままにせずに話し合いに参加できるようにすること**が理由として挙げられます。次に「②同じ」考え→「③異なる」考えの順に進めていく理由は、子供たちの話す内容が**一定の方向性をもって語られ、話し合いに一貫性をもたせること**をねらっているためです。

このような約束の上で相互指名を行っていきますが、必ずしも「②同じ」考えの後に、「③異なる」考えが来るとは限りません。「同じ意見が続いているけれど、どうしてもこのタイミングで異なる意見を伝えておかないといけない」と感じる場合には、発言することも認めています。そういった話し合いの微妙な空気感を感じ取り、調整してあげるのは教師の重要な役割です。

「意図的指名」「相互指名」に関しても、話し合いの場面によって選択していくことが重要です。教師が今は拡散する場面だから「相互指名」、ここからは論点を焦点化していく場面だから「意図的指名」というように、授業をコントロールする役割を担うことが大切なのです。

しかし、子供たちが将来、問題解決のために話し合いを行う場面においては、いつも司会がいるとは限りません。共に問題を解決しようとしている仲間と一定のルール（暗黙の了解）の中で話し合いを進めていかなければならない場面にもたくさん遭遇することでしょう。

だからこそ、できるだけ仲間と共に相互指名を上手に使いながら、話し合いを進めていき、最終的には論点を自分たちで見付け出せるようになってほしいと願っています。教師が、**意図的指名を織り交ぜながらそのお手伝いをしていく**ようなイメージだと捉えてもらうとよいでしょう。

資料15　意図的指名と相互指名

	意図的指名	相互指名
手順	教師が指名。指名する→発言する……の繰り返し	子供が互いに指名。質問→同じ意見→異なる意見の順番
状況	教師が、事前に子供の考えをつかんでいる際には有効	様々な立場からの意見を拡散させていきたいときに有効
長所	論点が焦点化されやすい	テンポのよい進行が可能。また、将来の問題解決の際の話し合いとの親和性が高い
短所	・授業のテンポがよいとは言えない ・子供たちが自分でつくっていく対話とは言えない	内容が深まらない可能性があり、相互指名する際のルールの共有が必須（※参考写真）

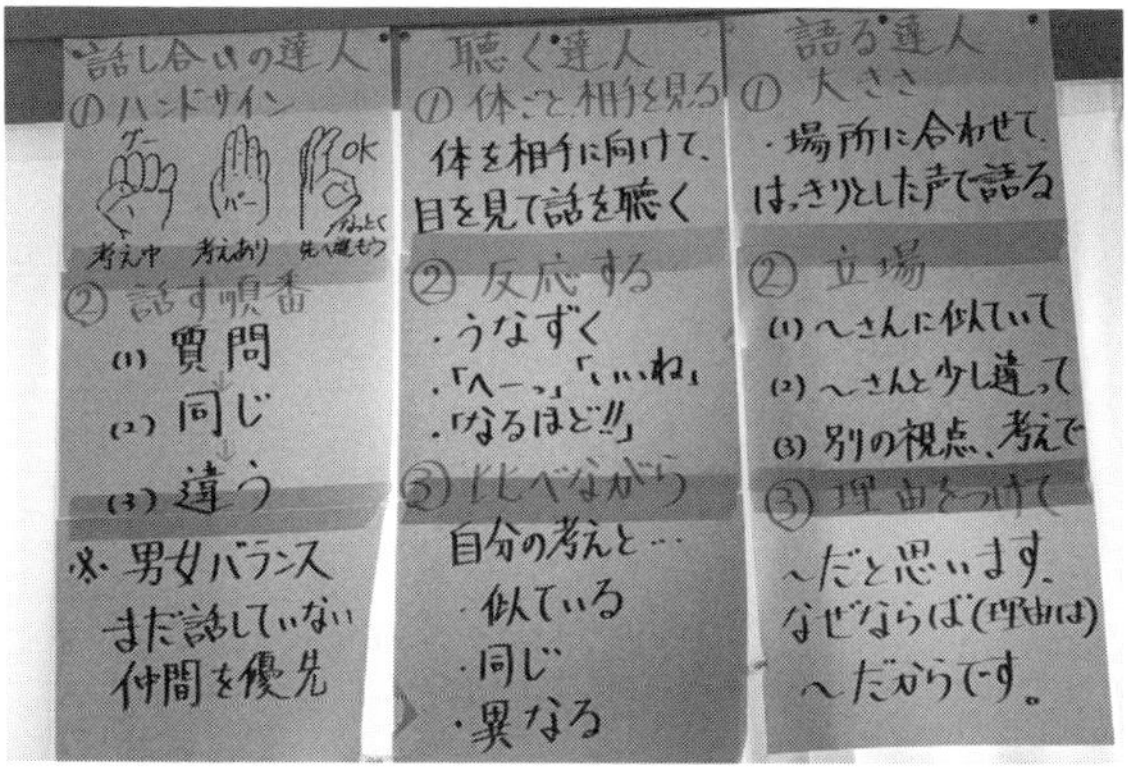

（参考）　話し合いに役立つ掲示の例

受け入れる

二つめのポリシーは、子供たちの思いや願いを真摯《しんし》に**「受け入れる」**ということです。授業や生活のいたるところで子供たちの思いや願いは表出されています。

①話し言葉としての音声言語
②作文や振り返り等の文字言語
③行為や態度等の所作

この三つの中で、最も多く子供たちの思いや願いが表現される方法は、①話し言葉としての音声言語でしょう。

1 教師が陥りやすいこと

私が担任するクラスに仲のよい二人の女の子がいました。

二人は、体育の時間に同じ高さの鉄棒で運動をしていました。そのときの鉄棒運動における学習のルールは「自分に合った高さの鉄棒で運動すること、同じ技に取り組む子でペアをつくって学び合うこと」でした。

私は、その二人が一緒に鉄棒運動に取り組む姿を見た際に、「いつもの仲のよい二人でペアをつくっているのだな」と思い、

「仲よしの二人組でペアをつくるのはやめてね」

と伝えました。

すると、二人は私のところへ抗議に来ました。

「自分たちは決して、仲がいいからグループをつくったのではありません」

「今日取り組む技が同じだからペアを組んで活動しているんです」

「先生は、私たちの話を聞かずに決めつけていると思います」

これらを私に本気で伝えてくる子供の発言から、自分自身が子供の表面しか見ていないことを痛感しました。子供の行為や発言から、本当の思いを想像しようとすらせず「こうに違いない」と決めつけていたのです。当時の私は、心ない発言をしてしまったことをすぐに謝り、この二人は再度、学習活動に参加することができました。

今の自分だったら、学習のルールを確認した上で、

「どんな技に取り組みたくて二人のペアを組んだのか教えてね」

と声をかけ、まずは二人の思いを知ろうとすると思います。そうした上で、二人の返答が授業のねらいから外れてしまっている場合には、「先生には、二人は今、仲がよいからペアを組んでいるように見えてしまっているよ。先生の考えについて、二人はどう思うかな」と、丁寧に子供たちに問いながら、関わっていくと思います。

みなさんは子供が懸命に考えて発言した内容に対して、以下のような反応をしたことはありませんか。

「（無視または反応をしない）」

↓自分の構想から外れた発言だったので取り上げない。もしくは、本当に聞こえていない。

「本当に？これでいいの？」

↓教師が思う方向に、発言を訂正させようとしている。

「……。他にある？」

↓教師が思うような発言が出てこないため、他の子供に考えを求める。

「～さんと同じだね」

↓発言は、同じでもその根拠は違うかもしれない。しかし、同じ括《くく》りにしてしまっている。

「～ということで、いいかな」

↓子供の発言をすり替えてしまう。


決して、これらの発言を教師が絶対に言ってはいけないわけではありません。ただし、**発言の裏にあるものが教師の都合であってはなりません。**

教師が考えた構想に乗ってこない発言を切ってしまったり、その意味すらも変えようとしたりしてしまうのは、教師がほしい答えだけに注目してしまっていることが原因と考えられます。

学級会で卒業生を送る会での出し物を決める場面でのこと。子供たちに考えを聞いてみると、「ダンス」「歌」「詩を読む」「劇をする」等、たくさんのアイディアが挙がりました。私は全員が参加できる「歌」に話し合いを落ち着かせたいと考えていました。その当時の私は、「歌」がよいと発言した子供へ肯定的なリアクションを大きくとっていたそうです。後で一人の子供に、

「先生は歌にしたかったんでしょ。なんか分かったよ」

と言われて、自分の反応のつたなさを思い知りました。

無視してしまう例は極端かもしれません。しかし、反応は少なからずしているけれど実は受け止めていなかったり、それらしい反応はするけれどサラッと受け流したりして、板書に残さないことも**無視しているのと同様の印象**を子供に与えてしまいます。

教師はまじめであるからこそ、その時間内に教えるべき内容を教え切らなければならないと考え、一人一人の声を聞き取ることができなくなってしまうようなときがあるのかもしれません。

しかし、このような反応を続けていると、子供たちは教師が求めている答えを探し当て、それを見付けることに価値を置いた授業になっていってしまいます。さらには、「どうせ

発言をしても認めてもらえない」という思いから、発言しなくなってしまう場合もあると思います。何よりも、子供たちに「友達を大切にしよう」とメッセージを伝えている教師がとるべき行為ではないことは明らかです。

2 発言を受け入れる

子供の意見を遮らない、捻じ曲げないようにするには、多様な考えや意見を認め、受け入れる姿勢をもつ必要があります。では、受け入れるとはどのような行為なのかを具体的に考えてみると、次の三つを代表的なものとして挙げることができます。

①どんな発言も価値付ける：
学習目標や内容と照らし合わせ、その発言の意味や価値を伝える。
②発言の根拠や理由を尋ねる：
「どうして？」「何でそう考えたの？」と、子供が根拠や理由を語る機会を積極的に設ける。

③細かくフィードバックする：
子供の発言の直後に短い言葉で、よさを伝えて賞賛する。

(1) どんな発言も価値付ける

「どんな発言も価値付ける」とは、子供たちの発言の意味を的確に捉え、本時における発言の意味や価値を見いだすことです。

例えば、五年生の算数の分数の授業で考えてみたいと思います。約分について学んでいる場面で、

「分数のたし算をすると9分の4になりました。次に、分子を2で割って2にして、分母は3で割って3になりました。答えは3分の2です」

とAさんが伝えました。この発言を聞いたクラスの仲間が続けます。

「Aさんが、前に習った約分の考えを使おうとしているところはいいんだけど、ここでは約分はできないと思います。分母と分子は同じ数で割らなければならないけれど、2と3のばらばらな数で割ってしまっています。だから、答えは9分の4のままでいいです」

もしも、あなたがこのような場面に遭遇したら、どのようなリアクションをとりますか？　私ならば、

「友達の考えと自分の考えが違うときに、友達の考えを認めて発言できているところがいいね」

と、相手への敬意をもって正しい解決方法を指摘できた子を褒めます。

さらに、重要なのが**最初に勇気をもって計算の仕方を伝えた子を価値付けること**です。

「Aさんが発表してくれたから、この場面で**改めて約分の仕方を全員で確認できたよ**」

「分母と分子を同じ数で割らなければならない理由を**考えるきっかけをクラスとしてもつことができた**よね」

このように、Aさんの発言から、学級として学びが深まったことに対する価値を様々な角度から伝えるようにします。これは私の視点なので、きっと他の先生ならば別の視点からも価値付けることが可能だと思います。

(2) 発言の根拠や理由を尋ねる

「発言の根拠や理由を尋ねる」とは、「どうして？」「何でそう考えたの？」と問い返すこ

とで、子供が根拠や理由を語る機会を積極的に設けることです。

教師の「〜さんと同じだね」という反応は、発言された子供の意見の真意をつかめていないために、十把一絡《ひとから》げにしてしまっているとも言えます。前の発言者と発話された言葉自体は一緒で、同じような内容を言っているようでも、その子の中では、**根拠やニュアンスが違うからこそ「わざわざ」言っている**場合が多々あります。

その真意に気付けるかどうかがとても重要なのです。発言の根底にある根拠やニュアンスの違いは子供の表情や振る舞いのみから、読み取ることはとても難しいので、子供たちが発言した後に「どうして?」「〜って、どういうこと?」と尋ねることで、子供の意図を適切につかめるようにします。

私は、

「発言する言葉は同じようでも、その後ろにある理由は違うと思うんだ。だから何でも考えたことは話していいんだよ」

と子供に繰り返し伝え、自信をもって話すことができるような環境や雰囲気を学級でつくり出せるように心がけています。

(3) 細かくフィードバックする

「細かくフィードバックする」とは、決して「〜ということで、いいかな」と子供の考えを言い換えたり、「(子供が話した後に)いいね、では他に考えがある人?」という別の視点の考えを子供たちに求めたりすることではありません。

個別的で具体的なエピソードを伴った豊かな子供たちの意見を短い言葉で、端的に賞賛することだと考えています。

「共につくる」(二二三ページ)で述べた、教師が意図的に子供たちを指名する「意図的指名」と子供たちが互いに指名し合う「相互指名」を授業の場面で使い分けるようにしています。

「意図的指名」の際には、教師のペースで発言する子供を指名するので、教師自身もじっくりと反応を考えながら授業が進んでいきます。しかし、「相互指名」の場合にはそうはいきません。子供たちのペースで話し合いが進んでいくので、ときにはかなりのスピード感で対話が進んでいくこともあります。そのような場面でも、教師は短い言葉で子供たちの発言に対する価値や意味をフィードバックし、対話をコントロールしていく役割を担っています。

では、短い言葉で子供たちの発言に反応していく際に、どんなことを価値付けたり、賞賛したりしていくべきなのでしょう。次のように**「内容に関わること」**と**「発表の仕方に関わること」**に大きく分けることができそうです。

○内容に関わること
・課題を的確に捉えていること
・多面的な角度から、結論を導き出していること
・発想が豊かなこと、着眼点が豊かなこと 等

○発表の仕方に関わること
・立場を示していること
・話の流れに沿っていること
・適切な音量や分量で話していること 等

ここで示した内容や発表の仕方に関わることは一例であって、子供たちと日々関わり、時間軸で子供たちの育ちを実感することができる立場にいる教師ならば、より多様な視点で価値付けることが可能なはずです。

どのように価値付けるとしても、その根幹となるのは、子供たちの思いを真摯にまるごと受け入れることであり、また、**どの子に対しても感謝の姿勢をもつこと**が重要だと考えています。教師として大切なのは、どんな発言も、集団の学びに資する価値ある尊いものだという感覚をもつことだとも言えます。

一方で、子供の発言に対する教師の反応は、価値付けるためだけではなく、発言を適正な方向に変える場合もあることに触れておきたいと思います。決していかなる場合も、子供たちの発言を賞賛し、価値付けましょうと言っているわけではありません。前提として、学びに対して子供たちが真摯に向き合っている場合についてのお話をしてきました。当然のことですが、人権を侵害したり、人を傷付けたりするような発言には、毅然《きぜん》とした態度で対応するべきです。

3　思いや願いを文章から受け入れる

音声言語だけではなく、振り返り等の文字言語として表現された思いや願いについても同様に「受け入れる」ことを忘れてはいけません。

体験的に情報を収集をした後に、子供たちが結果や分かったことを文章として書き表し、その内容をもとに教師が授業を構想していくことがあると思います。その際には、個人がどんな思いや願いをもち、文章に書き表したのか、先入観をもたずに読む必要があると考えています。

しかし、授業がライブであることを忘れ、自分が思い描いた授業の流れを意識するあまり、子供の本意を見落としてしまうということは多々あります。子供たちが書き表したものを読む場面でも、「受け入れる」姿勢を忘れてしまうと、教師が求める部分だけに反応してしまい、子供が書いていることを見落としてしまうという悲劇が起きてしまいます。

往々にして、子供たちは教師が思い描いているような記述ばかりをすることはまずあり得ません。さらに言えば子供たちは、体験後に自分の考えを書いた瞬間から、その場に留まってはいません。彼らは本時を迎えるまでに様々な情報を得て、考えを日々更新しています。

では、どうすればよいのか。

先入観をもたずに**何度も繰り返し子供が書いた文章を読むことにしか近道はありません。**日々の子供との関わりを踏まえて、何度も何度も読んでいるうちに、いつしか本当に子供が言いたいことがつかめてくる瞬間がおとずれるという経験を私自身はしてきました。

五年生の総合的な学習の時間での商店街のポスター作りの実践でのことです【単元2参照】。

「自分たちのポスターで商店街に行きたいと思ってもらえたのだろうか」という課題について話し合う授業を二月末に行うことになりました。

ポスターをご覧になった方々からいただいた三〇〇枚にも及ぶアンケートはおおむね肯定的な反応で、「自分たちの作ったポスターで商店街に行きたいと思ってもらえた」「伝えようと思っていた店主さんの人柄がしっかりと伝わった」と感じている子供がほとんどだと最初は確信していました。

実際に、子供たちがアンケートを分析した内容をまとめた座席表が資料16です。

板

行きたいと思ってもらえたと思う。二人組の人が今度少し見てみようかなと言っていたこと。その人がいいなと思って、それが少しずつ広まっていくことで町がにぎやかになると思う。	行ってみたいと思ってもらえたと思う。家に帰って、妹や母から「これは商店街に興味をもってもらえるね」と言ってもらったから。自分たちが伝えようとした思いを分かってもらえて嬉しい。
行ってみたいと思ってもらえたと思う。それは、普段本音しか言わない家族が、5-1すごかったね、今度行こうかなという話をしてくれたから。また、自分たちのポスターで店主の人柄が伝わったこともよかった。	5-1のポスターを見て特徴を知れたという意見から行きたいと思ってもらえたと思う。自分たちが伝えたいそれぞれのお店ならではのことをしっかりと相手に伝えることができた。
一つ一つのお店のことを書いてくれていたから自分たちのPRがしっかりと伝わったと思う。だから、お客さんにも商店街に行きたいという思いをもってもらうことができたのだと思う。	行きたいと思ってもらったと思う。全ての店に寄ろうと意見があった。PRやポスターの力はこんなにすごいんだなと感じた。自分が大人になったら、ぜひぼくも全てのお店をまわってみたい。

思ってもらえた。人柄やあたたかさが伝わってくるという言葉がストレートに嬉しかった。ポスターで店主さんの思いや人柄が伝わった。私たちがポスターでやろうとしていたことだから。	行きたいと思ってもらえた。お店で物を買いたいという人がいて、すごく嬉しかった。ポスターを見るだけでお店を見る目が変わるんだなと思った。	思ってもらえたと思う。「行きたくなっちゃった」と笑顔で言ってもらえた。また、実際に刃物研ぎの値段まで聞かれたから、本気で行きたくなったのだと思った。	
アンケートの全体を見てみると、いいと思う、行ってみたいという意見が多くて、ほとんどの人にしっかりと伝わっていることが分かった。	アンケート全体を見てみると、行ってみたいという意見が多いことから、しっかりと思ってもらえたことが分かる。PRしたお店のまわり方まで書いている人もいた。よく理解してくれた。	伝わったと思う。みんなあたたかそうという意見があった。正直、ポスター展でここまで見た人に伝わるということがすごいと思っている。	思ってもらえたと思う。これって、商店街にあるの？ 今度行ってみようと直接言ってもらえたから、伝えたいことがしっかりと伝わったと思う。

資料16　座席表（本時に向かう子供の実態）

アンケート：「商店街に行きたいと思ってもらえたのだろうか？」

黒

行ってみたいと思ってもらえた。自分たちの発表を見て、こんな便利な商店街があるんだなということが伝わった。ぼくたちのポスターの商店街のよさがしっかりと見てくれた人に伝わった。	思ってもらうことができた。行ってみたいと多くの人に感じてもらっていて、逆の感想をもつ人がいなかった。また、PRした後に、ほとんどの人に場所を聞かれたことも行きたいと思ってもらえた。
行ってみたいと思ってもらえた。あまり気にしていなかったお店をポスターで紹介することで、お店の中の様子までしっかりと伝えることができたから。店主の人柄まで伝えることができて嬉しい。	全て、行きたいと思ってもらえた内容だった。アンケートでは、西区から日本に広げてほしいという意見があり、自分たちの総合を通じてつながりをつくるよさを感じてもらえた結果だと思う。
行ってみたいと思ってもらえた。キャッチコピーが合っているというアンケートから、自分たちが工夫してお店に合ったキャッチコピーにしたことがしっかりと相手に伝わっていることが分かった。	行きたいと思ってもらえた。また行ってみよう、こんな場所あったんだと言ってくれている人がいた。話は違うけれど、店主さんにも元気をもってもらえたのは、町を明るくしたことにつながると思う。

CMやポスターを作っている人から、「この活動はすごい。間違っていない」と言ってもらえたから、行きたいと思ってもらえたと思う。	行きたいと思ってもらえたと思う。全部のお店を利用しようという意見があったから。自分たちが伝えたいお店の内容がしっかりと伝わったから。	行きたくなったと思う。お店のことを知らなかったけれど、ポスターを見て行きたいと思ってもらうことができた。お店の伝えたいアピールがしっかりと伝わった。
大人のアンケートを見てみたら、ほとんど全部が行ってみたいと書いてあった。これは、見てくださった方々が行きたいと思ってくれているからだと思う。	「～したいと思った」「今度詳しく見たい」というアンケートの言葉が多かったから、行ってみたいと思ってもらえたと思う。自分たちの活動は成功した。	酒店やっているのと聞かれて、やっていますよと答えたら、行ってみようかなと言ってもらえた。家族からもよかったと言ってもらえたことがよかった。

このような子供たちの記述を読み取った私は、授業の前半部分は、アンケート結果をもとにポスターの効果や手応えを十分に感じ取る時間にしようと考えました。後半部分では、自分たちのポスターのよさを最大限に発揮できる掲示場所について考えるという流れを想定したわけです。

しかし、授業前日の深夜になっても、なかなかこの授業の流れが私の中でしっくりこない感覚がありました。その違和感の正体がどこにあるのかが分からなかった私は、再度子供たちの記述を読んでみることにしました。

すると、ある子供の「私たちの総合の目標は、そもそも商店街に人がたくさん来るようになることだ。だから、来る人が本当に増えたか聞いてみたらいいと思う」という記述が目にとまったのです。

私はこの記述を見てハッとしました。「これまでの活動について満足感を子供に味わってほしい」「次の掲示場所を考える活動に進みたい」という教師の思いが強すぎて、見過ごしていたのです。座席表にも記載していませんでした。

この記述を見て、授業の流れを再度考え直しました。この子がここで書いていることを本当に授業で発言するかどうかの確証はありません。もしも、発言できなかった場合には、意図的に指名して「（商店街に来た人の）数を確認するべきだ」という思いを伝えてもらおうと考えました。

実際の授業では、この子は自らこの思いを全体に伝えることができました。この発言から授業が動きだすこととなります。写真20のように「私たちがやるべきことは数を確認することなのか」という焦点化された問いが浮かび上がりました。

「えっ、数えるの。でも結果を知りたい気もする」

「でも、お客さんが実際に来るまでは時間がかかるんじゃないかな」

「ポスターはそんなにすぐに効果が分かるものじゃないと思うよ」

「そもそも、最後の残された一か月間でぼくたちがやることは、人が増えたかどうかを数えに行くことなのかな」

「残された期間でやることは、ポスターを見てもらうための活動をすることだという気がする」

「これからも商店街のために、ポスターを見てもらうための方法を考えることに時間を使いたいな」

このように「数を確認するべきだ」という意見を授業で取り上げることで、地域を活性化する活動において自分たちが継続すべきことは何であるかについて深く考えるきっかけを得ることができました。

決してこの例は、特別なものではありません。

やはり、常に教師が思い込んでいることを疑い、子供が感じ、考えていることの中から**真実を見付けていく姿勢**が大切だと感じた経験です。

根本的に子供を、一人の人間として受け入れることによって、ようやく授業のスタート位置につくことができるのではないかと思うのです。

写真20 「焦点化された問い」を板書で可視化する

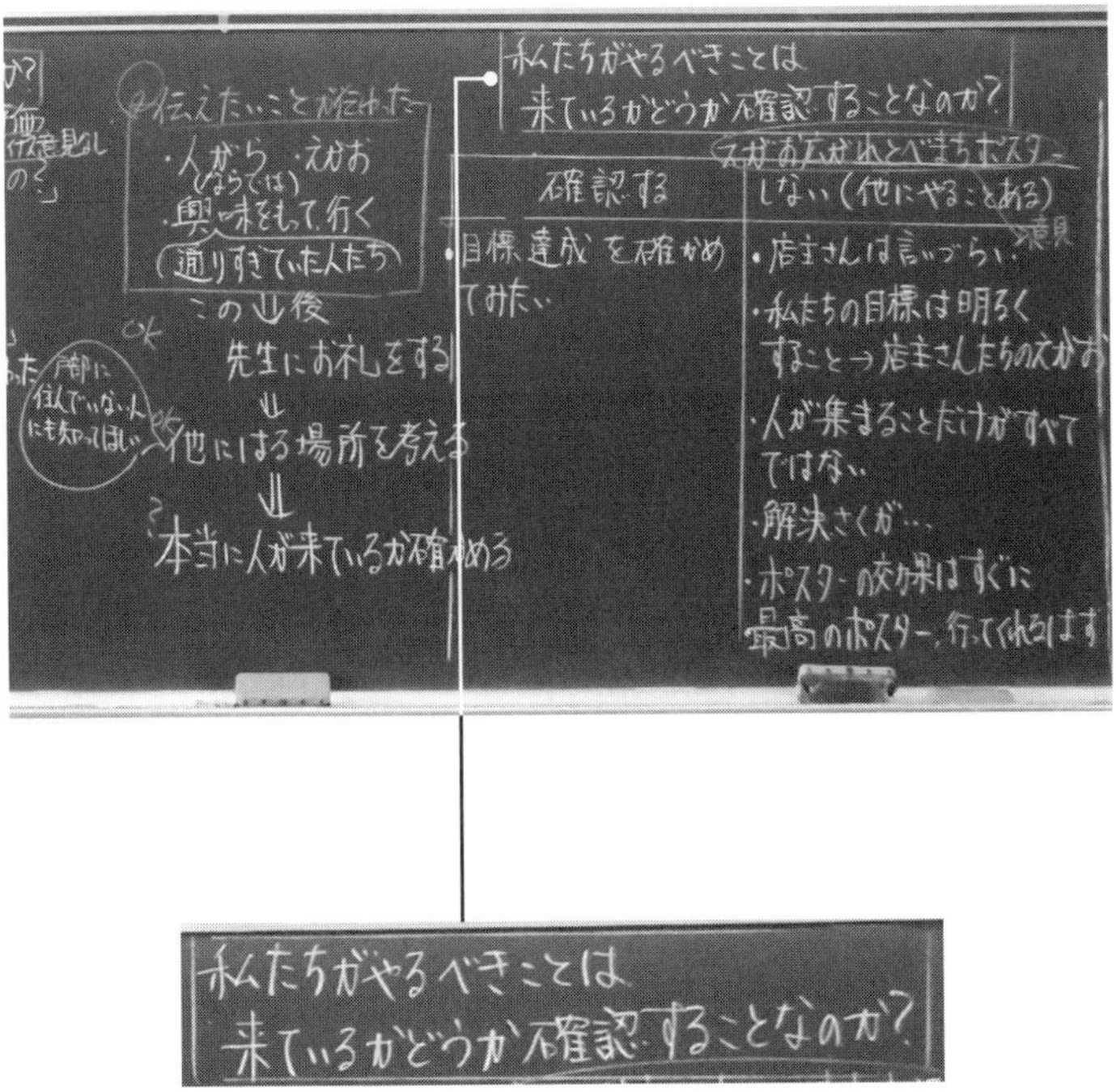

考え抜く

最後に、私が掲げるのは、**「考え抜く」**というポリシーです。図13のような「学びのベン図」をイメージしてみましょう。

これは右側の丸が教師の積極性、左側の丸が子供の主体性となっているベン図です。教師には当然、「育成を目指す資質・能力」をもとにした、子供たちに「学んでほしいこと」があります。それは単元を通して、こういった概念的知識にたどりついてほしい、という桁のものから、次時のためにも、今日は最低限ここに気付いてほしい、という具体的な知識の桁まで様々です。

一方、子供たちには当然、これを学びたい、知りたい、やってみたいという興味・関心があります。この両者がフィットしている状態、つまりベン図でいう「重なりの面積」が大きければ大きいほど、子供と教師の思いが共有できている充実した学びであると言えそ

図13　学びのベン図

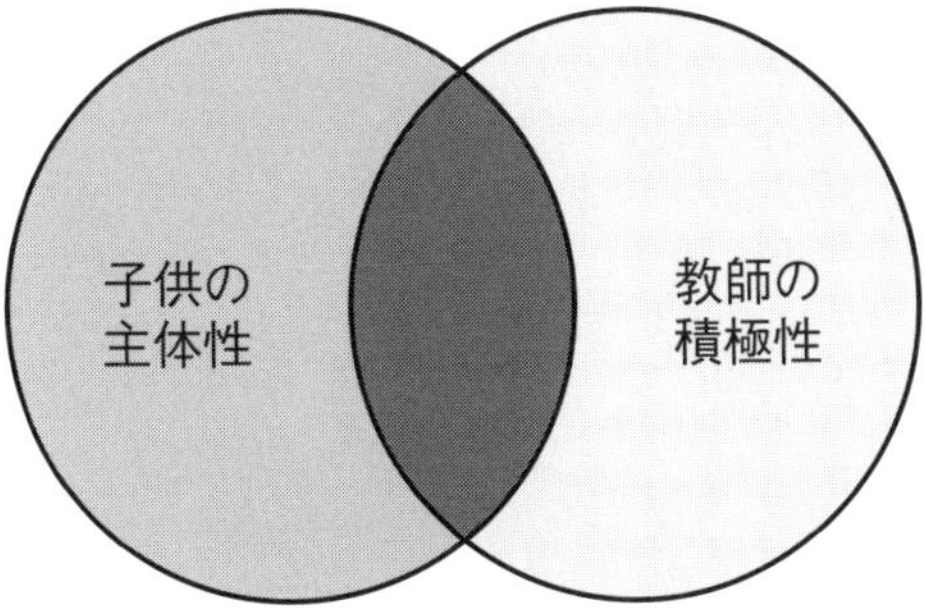

左が子供の興味・関心、右が教師の子供に伝えたいこと。
双方には共通点や相違点があることが予想される

図14　理想的な学びのベン図

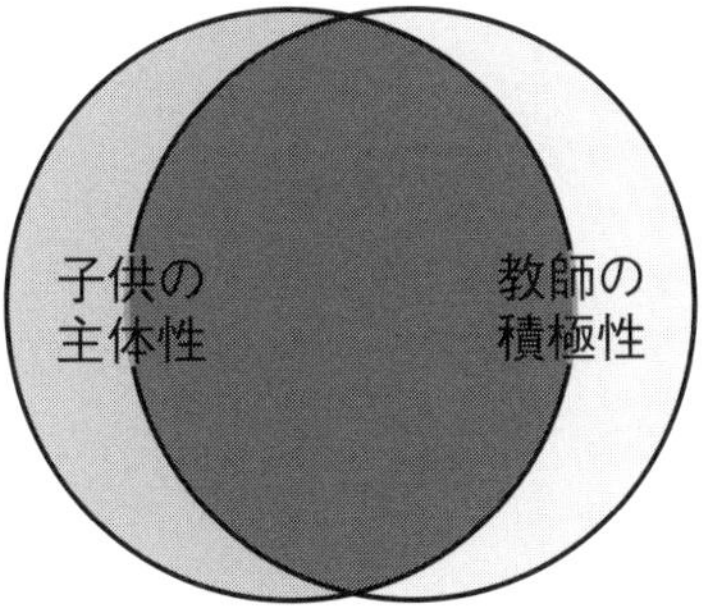

重なりの面積が広ければ広いほど、
教師と子供の思いはフィットしていて、充実した学びとなる

うです（図14）。

私は、この重なりの面積が今どれくらいなのかを常に意識しながら授業について考え抜くようにしています。それでは、「考え抜く」というのは具体的に何を考え抜いているのか。それは、次の二つです。

○子供にとって無理のないストーリーを考え抜く
○身に付けさせたい資質・能力を考え抜く

1　子供にとって無理のないストーリーを考え抜く

これまでに述べてきたとおり、探究的な活動を重視する総合的な学習の時間では、徹頭徹尾「ストーリー」が重要となります。子供にとって無理のない学びのストーリーを描きたいわけです。では、「無理のない」とはどういう状態でしょうか。「無理のないストーリー」を考えるために、まずは「無理のあるストーリー」がどのようなものなのか考えてみましょう。

（1）無理のあるストーリー

①教師が、問題や課題を手渡してしまう

総合的な学習の時間における探究のプロセスには、「日常生活や社会に目を向けた時に湧き上がってくる疑問や関心に基づいて、**自ら課題を見付け**」（『解説』総合的な学習の時間編の第2章九ページ、太字は筆者）ということがあります。しかし、私たち教師がやりがちなのが、「ほら、これを学ぶぞ」と、子供に課題を突然手渡してしまうパターン。

例えば、「〇〇小学校の三年生は枝豆を総合で育てることになってるんだよ。来週植えるから、みんな鉢を持ってきてね」というような単元のスタートだけは何としてでも避けたいものです。

子供が、なぜそれを探究しないといけないのか理由も見付けられていないのに「はい、学びなさい」と教師が決めた課題を手渡し、しかもその課題に対し主体的になりなさい、などというのは無理な注文です。

では、教師が「学んでほしいこと」がどうやったら子供の主体性とフィットしていくか

を考えると、やはり日々の子供たちの言動に注目し、様子をよく見て、彼らが興味・関心をもつためのきっかけを探る以外にはありません。

実際に、私が勤務校で三年生の野菜の単元を立ち上げる際には、町探検で農家の方との出会いを演出しました【単元4参照】（写真21）。子供たちが町探検をするコースを設定する際に、農家の方が枝豆を育てている畑を通る道順にしました。さらに、当日は農家の方に畑で作業していてもらうようにしました。その方は二年生の生活科で野菜の育て方を教えてくださった野菜づくりのプロです。町探検で出会った野菜づくりのプロから、「地域の農業の現状」や「三年生にも枝豆を育てることができること」を話していただきました。

クラスに戻ってから、話し合いをしてみると「自分たちが枝豆を育て、その魅力を広めることで、地域の農業の役に立つことができるかもしれない」と子供たちが考えるようになりました。

自分たちで課題を見付け、**自分たちの力が必要とされていることや、手の届きそうな課題であること**を子供たちが理解できたからこそ、「よしこの活動に取り組んでみよう」と考えることができました。

② 教師が、子供の求めていないものと急に出会わせる

写真21　プロとの出会いを演出

前述のとおり、外部の人やものと子供たちが出会うには、子供にとって無理のないストーリーが必要です。

例えばポスター製作をしていて、子供が求めてもいないのに、「明日はデザイナーさんが来るので、ポスター作りのコツを学びましょう」と突然、教師が言いだす。

「○○さんからお手紙をもらいました」と、勝手に教師が外部の方にお手紙を出して、お返事をもらって、突然紹介しだす。

「今日はお菓子の話だから、子供はお菓子が食べたくなるだろう」とお菓子を準備しておき、子供がまだ食べたいと言ってもいないのに、我慢できずにお菓子を出してしまう。

これまでたくさんの総合的な学習の時間を見学してきましたが、往々にしてよく見かける授業展開です。

ポスターを製作する過程で、どうやらキャッチコピーというものがあった方がいいけれど、どういうふうにすれば効果的なキャッチコピーになるかが分からない。コピーライティングについて勉強したい、と要求が明確になってからポスター製作のプロに出会って初めて、子供たちが**外の世界に「出会う意味」**が生まれます。教師が勝手にプロを連れてきて、「さあ学びなさい」と出会わせる先のような出会い方に対して、子供たちにとって本当に知りたいことが焦点化されている状態ですから、獲得される知識の質が変わってきます。第二章六〇ページで述べたように、「子供たちにとって自然な文脈の中で必然性のある学びを展開していくこと」で、個別の知識が生きて働く知識へと階層を上げていくのです。

事前に展開を予想して、外部コンテンツを周到に準備しておくのは素晴らしいことです。ここできっとプロの意見が必要になるだろうから外部人材の候補を洗い出しておこう、打ち合わせだけはしておこう、という準備は必要ですし、私も徹底的に行います。ただし、それを実際にくり出すのは「子供が求めたら」です。私自身、「急に出会わせる」ことをかつてはよくやってしまっていたので分かるのですが、教師としては、せっかく準備してきた授業の山場や工夫、素材ですから、やっぱりすぐにでも披露したくなってしまうわけです。

いろいろな先生方が見に来てくださる研究授業で、せっかく一生懸命作り上げた指導案に書いたことは、順番どおりにやりたいわけです。そこに悪気がないのも重々承知です。

しかし、そこから「無理のあるストーリー」は走りだしてしまいます。子供が食べたがらないならば食べさせる必要はありません。つまり、必然性のある学びの文脈にならないならば、用意したお菓子も、やはりぐっとこらえて、教室の隅に隠したままにしておける教師でありたいと思うのです。

③ 教師が、勝手に結論をまとめる

最もやってはいけないのがこれです。

学級全員の了解が得られていないのに「これでいいね」と終わってしまう。第三章の復興支援の実践例でいえば、お菓子を作ってそれを販売して募金をして、「復興支援ができたよね。みんなのやったことにはとても意味があったんだよ。それはね……」と教師がまとめてしまう。それが復興支援になっているのかは、子供たちと共に探究するのであっ

て、教師が一方的に決めてしまうことではありません。

もちろん、判断や決断の連続とも言える授業の中で、多数決をとったりそれぞれの立場の人数を聞いたりする場面はどんな教科でもあることでしょう。人数を聞いて、立場を明確にすることに問題はないのです。しかし、一クラス二五〜四〇人もいれば、たいていの場合、そのうちの二〜三人は、「違う」と思っていることが多いものです。多くの子供がAに賛成しているから、「よし、Aがこのクラスの結論でいいよね」と突き進む前に、そこで一旦立ち止まり、もう一度だけでいいですから、子供たちに投げ返してみてください。

「こういう方向になりそうなのだけれども、**本当にこれでいいかい？**」と。

そこで、いや、どうも気にかかることがある、Bの方がいい気がする、という子が一人でもいるならば、もう一度そこで話し合えばいいのです。少しでも「モヤモヤ」を残したままにしておくと、「あのとき、自分はこう思っていたのに無視された」というわだかまりが、最後までずっと学級に影を落とします。

つまり**「結論付ける場面」「決断する場面」**というのは、その後の子供たちと教師、子供たち同士の信頼関係にも大きく影響するデリケートなものですから、よくよく丁寧に寄り添うべきということです。

さて、これまで述べてきた「無理のあるストーリー」には、共通点があります。それは、子供たちの**「自覚」と「納得」が無視されている、**という点です。全て「教師が」という主語になっていることからも明らかなように、「教師の都合」「教師中心」であるとも言えるでしょう。子供が終始「与えられる」授業なわけです。

先ほどの「学びのベン図」で言うと、この状況は図15のように表すことができます。重なりの面積が著しく狭く、しかも右側の教師の思いばかりがクローズアップされている状況です。

では、どのようにすれば、「重なりの面積」を広くしていけるのでしょう。

（2）無理のないストーリーにするための自己診断

まず、その日の授業や単元のストーリーに無理が生じていないか、セルフチェックをしていきましょう。診断するときの軸は、以下の三つにまとめることができます。

①自覚しているか

主語は「子供も教師も」です。具体的に表れる態度としては、**「何のために学習しているのか」と問われたときに、子供が話すことができる、**ということです。例えば、前任校では「前回は、▲▲の学習をしました。今日は○○の学習をします」と、子供たちが授業の最初に言うことを徹底していた学校でした。この▲▲や○○の部分がずれていたら、周りの子供たちが「いやいや、このために学んでいるんだよ」と教え合うことができる。そんな状態を、「自覚」の指針としていたのです。

一度、授業の最初に「今日は何のために何を学ぶのか」ということを、子供たちに言ってみてもらってください。それが教師の想定するゴールと全く異なっていたり、子供たち同士で大きくずれていたりすれば、その授業は子供と教師、両者共に何のためにその活動をするのか自覚できていない授業です。ストーリーのどこかに無理が生じているはずですから、見直しをかけ、早急な練り直しが必要でしょう。

②納得しているか

これもまた、「教師も子供も」納得しているか、です。

具体的に子供たちに表れる態度としては、教師が**「みんな納得してる?」と問いかけたときに、頷《うなず》いたり、「うん」とか「はいっ」というような返事をしたりすることができる、**ということです。

私は、授業の中で常に子供たちに、**「どうかな?」「納得?」**と尋ねることを心がけてき

図15　教師優位の学びのベン図

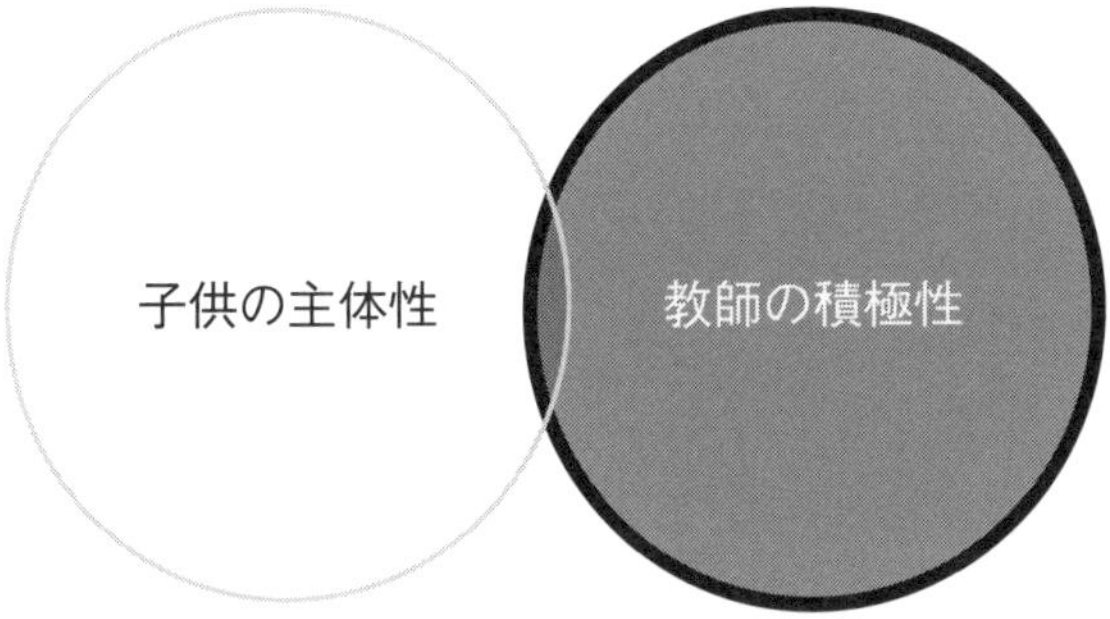

子供の「自覚」と「納得」が無視され、
教師都合の授業が展開されている（＝無理のあるストーリー）

ました。もしも、納得できていなければ、首を横に振ったり、手を挙げて、自分の意見を言ったりすることができる。そんな状態を「納得している状態かどうか」の指針としていました。

ぜひ、授業で子供たちが判断をしなければならない場面で、もうこれで決定！　となる前に、一度子供たちに「みんなこれで納得してる？」と尋ねてみてください。このときに、表情が少しでも暗かったり、何かつぶやいたりしている子がいれば心に何かひっかかりがある証拠です。

このように言葉で納得しているかどうかを尋ねる方法の他には、「納得できているよ。先に進んでいいです」をＯＫのハンドサインで示す方法もあります。挙手をして考えを発表したいという意志を示すのと同様に、ＯＫのハンドサインを出すだけなので抵抗なく使うことができます。

また、学級の友達や教師が話した際に、納得できている場合には「頷く」「返事をする」、納得できていない場合には「挙手をして、自分の意見を言う」ことを学級の約束にしておくとよいです。自分の感情を自然に表現できる方法を学級で決めておくことは、子供たちが安心して生活できる学級づくりにつながるのです。

③ゴールに向かっているか

やはり、「教師も子供も」です。「ゴールを共有しているか」と言い換えることも可能です。本書において私は終始、子供に寄り添うということを述べてきていますが、それは全て子供の好きなように丸投げするという意味ではもちろんありません。

第一章から確認してきているとおり、授業には「育成を目指す資質・能力」という最大のゴールがあります。子供に身に付けさせたいことや、例えば総合的な学習の時間において、自分自身の生き方について考えさせたいというねらいがまずはあるわけです。子供たちの意見によってたとえ細かな学習の筋道に変更があったとしても、**子供と教師の自覚と納得のもと、今行っている活動が、そのゴールにたどりつけるものであるのかどうか**。ここが重要です。

では、具体的にどこに着目して考え抜けばたどりつくことができるのか、それは次節の「育成を目指す資質・能力を考え抜く」で述べたいと思います。

以上の三つの軸で授業の見直しをかけていくわけですが、これはそのまま、「無理のないストーリー」の定義であると言うことができます。つまり、「無理のないストーリー」

とは、

> ①自覚しているストーリー
> ②納得しているストーリー
> ③ゴールに向かっているストーリー

のことなのです。

(3)「まとめ」におけるそもそも論

子供と教師が自覚・納得しながら、ゴールに向かう中で、一人でも思いにずれがあるならば、みんなの結論が出るまで徹底的に話し合う。私が普段からこんなことを言っていると、研修等で私の話を聞いた先生方や、私の授業を実際に見た先生方から、次のようなことをよく言われます。

「小川先生のように子供に付き合っていたら時間がかかってしょうがないのでは」。

もちろん、時間は有限です。そしてその制約がまた、授業のよさでもあったりするわけです。なぜかというと、「限られた時間の中でみんなで協力し、ある一定程度の決着をつけていく」こともまた、とても重要な力であるからです。むしろ社会人になれば、そのようなことの連続でしょう。

しかしながら、実を言うと私には、根本的に疑問に感じていることが一つあるのです。

なぜ、私たち教師は、四五分間で授業を「完結」させようとしてしまうのでしょう?

授業のおわりに子供たちの結論を「まとめ」として板書で明示する方法があります。授業での成果を言語化する際に非常に有効な手立てです。しかし、限られた時間で決着をつける場面が重要なのと同じくらい、前述の「復興支援」の授業のときのように、「これは復興支援になっているのか?」という、短い時間では結論の出ない複雑な問いが巻き起きることもまた、しばしばあるわけです。

つまり、学習をしたときに、四五分間で、学級にとって「今日は○○を学びました」と確実にまとめられる端的な言葉にたどりつくことができるとは限らないのではないでしょうか。「『町おこし』とは、町のよいところを外の人に宣伝することだ」というような、ふわっとした概念から学習は始まり、深まっていくのです。

具体的にいうと、町おこしをテーマに地域のPR動画を撮った実践【単元3参照】では、当初、それを町の外の人に見せて町の魅力を伝え、多くの人を町に呼び込みたいと考えました。けれど、子供たちと話し合う中で見えてくるのです。

町おこしというのはそもそも、そんなイベントごとでいいのだろうか？　と。

その町はいたってふつうの町であって観光地ではありません。たとえ、外からたくさんの人が遊びに来てくれたとしても、そのままそこに住んでくれるわけではもちろんない。その上で、何が「町おこし」に値するのかと考えたとき、「町の人同士が横につながって、町が活性化されて、結果として町の人の関心が内にも向いてくれることなのではないか？」つまり、町おこしというのは「外から入る」のではなくて、町の人の「横のつながり」なのかもしれない、というところに長い道のりの中でたどりついたわけです（写真22）。

単元のゴールとはまさに、こういった新しい概念が生まれていくことなのではないでしょうか。それまで見ていた自分たちの町への認識が、**全く新たな概念として立ち現れてくる**ということ。そしてそれは、A町でしか使えない、その場限りの知識ではなく、「横

写真22　板書「『町おこし』＝『横のつながり』」

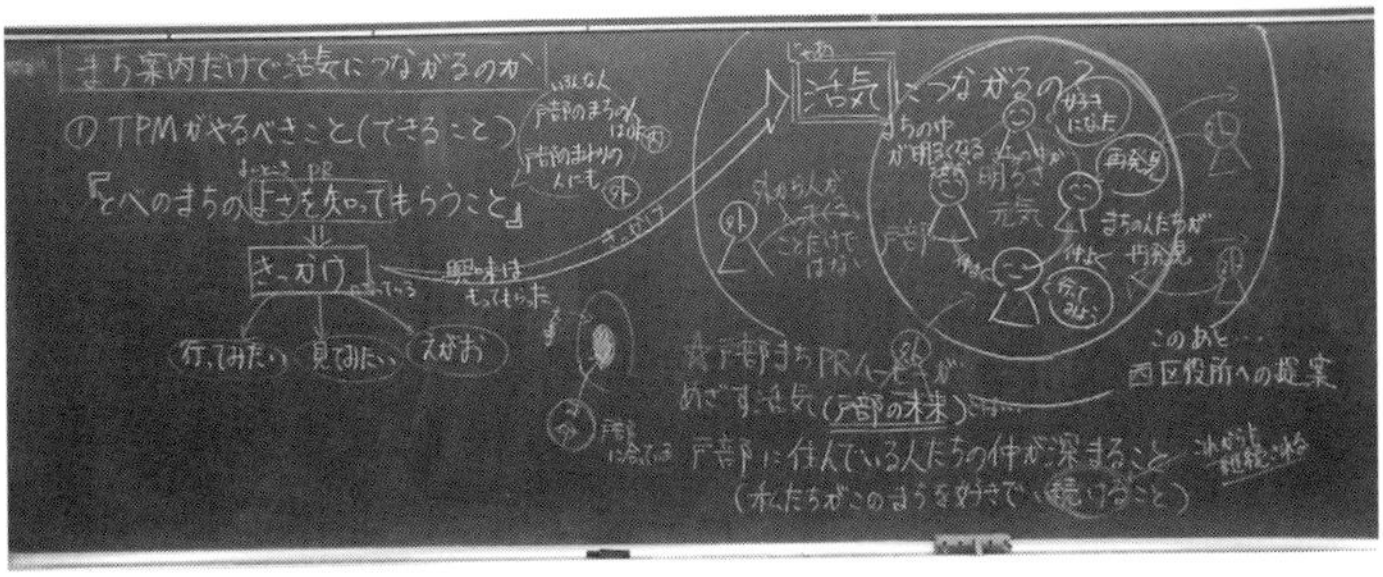

のつながり」のように、Aという町だけではなく、Bという町でもCという町でも当てはまる**汎用的な概念的知識**であってほしいのです。

それには時間がかかって当然です。もちろん、数学的、科学的に検証して結果を出し、知識として押さえていく必要のある算数や理科等、教科によっても程度の差はあると思いますが、最終的な概念的知識にたどりつくために、ときには結論を留保する勇気も必要です。

「まとめ」は目的ではありません。とにかく「今日のまとめ」をするために、子供が思ってもいないことを無理やりこちらで早々に結論付けてしまったり、納得できていない子供がいるのを無視して最後は多数決で決めてしまったりするのでは本末転倒です。

もちろん、共通の認識を得るために「まとめ」を明示することは、普段の授業で意識すべきだと思います。

私が危惧しているのは、「まとめ」を大切にするあまり、子供が言っていないこと、欲していないことを早々に結論としてまとめ上げ、「無理のあるストーリー」が進んでしまうことです。

(4) 思考プロセスの可視化

教師都合の「まとめ」はしない。だけど、その都度限られた時間の中で答えを出していく力は育みたい。これらを両方解決するための私の戦略は、**「思考のプロセスを可視化すること」**です。

具体的に提案したいのは以下の二点です。

①思考ツールの活用
②構造的な板書

① 小グループにおける思考ツールの活用

毎授業、黒板に「今日学んだことは◯◯である！」と書かなくても、子供たちの思考の過程がしっかりと可視化されてさえいれば、議論がおおよそどのあたりに決着しそうで、何が自分たちの論点であるのか分かります。

そして話し合って、結論を導き出した根拠が可視化されていれば、子供が自覚・納得できているかも判断しやすいのです。

新学習指導要領にもその有用性が示されている「考えるための技法」は、比較や分類を図や表を使って視覚的に行える思考ツールとして、現在、全国の教育現場において着々と活用されてきています。私は小グループでの話し合いの足跡を可視化する手立てとして、思考ツールを積極的に活用してきました。

とはいえ、思考ツールも万能ではなく、その便利さの裏に危うさもはらんでいます。無自覚に使用していると、子供たちの個別的で具体的な考えが一括りにラベリングされてしまったり、形骸化が起きたりしてしまうという問題です。

子供たちが一生懸命やりとりした数々の意見や熱い思いを、思考ツールで見やすく整理することで、それらがこぼれ落ちてしまいかねません。それでは先ほどの「まとめ」への懸念のように、せっかくの豊かな学びが無味乾燥なものになってしまうかもしれません。故に、私は思考ツールを自分なりにアレンジして子供たちに選択してもらうようにしています（資料17）。

例えば、下段から上段へ、アイディアを取捨選択して練り上げていく際に使用するピラミッドチャートは、本来の情報や意見の粒を枠内に書き、選抜した粒を上に上げてまた記入していくのが通例です。

私の場合、A、B、Cという三つの案があったとして、AとBを上段に上げた場合、なぜその二つを選んだのか、という理由を書いておいてもらうようにしています。具体的には、図の外に吹き出しを付けてメモをするだけ。これだけなら、どんどん思考の足跡を残すことができます。

ランキングに当てはめて、判断・選択するランキングシートも、項目を当てはめるだけでは、思考の足跡を残すことはできません。なぜそれが第一位になるのかが見えません。項目の下に、箇条書きできる余白を設けておくだけで、「なぜそれが一位なのか」を書くことができます。たったこれだけの配慮で、**「〝思考過程が見える〟思考ツール」**は完成するのです。

また、これは思考ツールを使用する際の一番の注意点ですが、当然のことながら、まずもって教師自身がそれぞれのフレームの特徴・効能を理解することが必要不可欠です。本時で期待される思考の流れと思考ツールのフレームが一致していなければ、使っても全く意味がなく、かえって子供たちを混乱させてしまいます。

順序を考えたいならステップチャート。意見を拡散的に出し、その関係性を可視化したいのならウェビングマップ。物事の要因を明らかにしたいならクラゲチャート。

そしてこれもまた、子供の必要感に沿うことが大切です。子供はまだ、A・B・Cのそもそもの「内容」について検討したいと思っているのに、教師がさっさとA・B・Cの「順序」を決めて進めてしまいたいのでステップチャートを渡して、「さぁ考えてごらん」と始めてしまう。無理のあるストーリーの始まりです。

私自身がたくさんの失敗をしてきたから言えることですが、思考ツールを使うと、授業が「それっぽく」見えてしまうのです。**思考ツールありきで授業をしてはいけません**。あくまで子供が何を欲しているかに寄り添い、子供にとって今必要なものを選択できるようにしましょう。そのためには、教師がまずは自分で使ってみるのが一番です。

②構造的な板書

メリット・デメリット表アレンジ

メリット	デメリット
・	・
・	・
・	・
・	・
・	・
・	・
・	・

メリット	デメリット
○	△
○	△
○	△
○	
○	

【結論】
○○は～～なので、やることにする。

○と△の数でその事柄のメリットとデメリットを比較した上で、次に内容で比較する。そして、検討した事柄についての判断の理由を明らかに書くようにする。

PMIシートアレンジ

Plus	Minus	Interesting
（プラスのこと）	（マイナスのこと）	（おもしろい 興味のあること）
・	・	・
・	・	・
・	・	・
・	・	・
・	・	・
・	・	

Plus	Minus	Improvement
（プラスのこと）	（マイナスのこと）	（改善したいこと）
◎	△	◇だから～～したい。
◎	△	
◎	△	◇～～するとよい。
◎	△	

Interesting（おもしろさ）から、Improvement（改善）へとアレンジすることで、自分たちの取組について評価を行う際に挙げたマイナス点について、しっかりとその対応策・改善策を理由付きで考え、書くようにする。

資料17　“思考過程が見える”思考ツール

ピラミッドチャートアレンジ

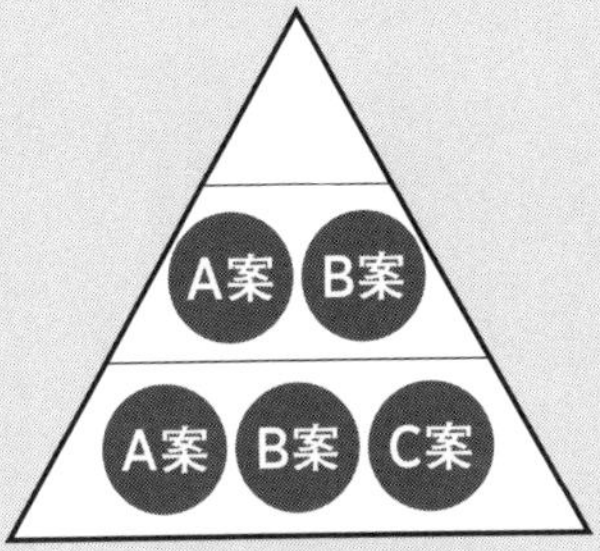

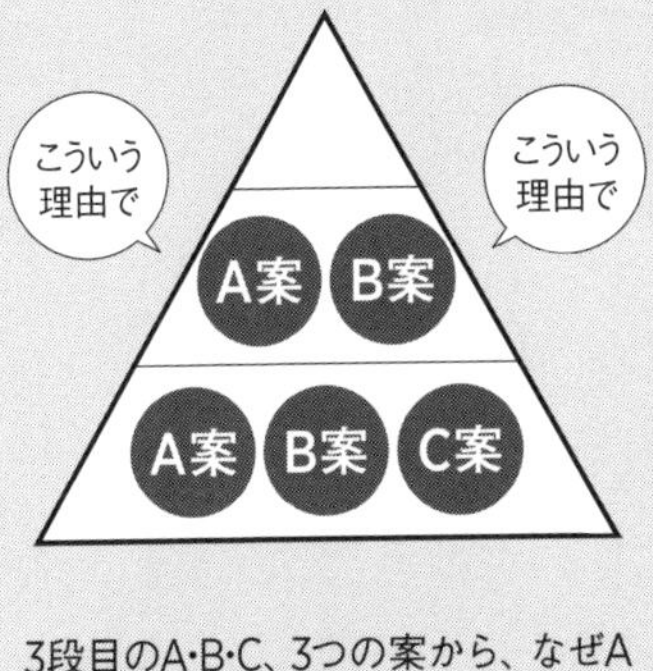

3段目のA･B･C、3つの案から、なぜAとBを選んで2段目に上げたのか、理由を吹き出しの中にメモするようにすれば思考過程が可視化され、互いの考えを練り上げる際のポイントも明確にできる。

ランキングシートアレンジ

Q.お祭りで何を売る？

1	わたあめ
2	りんごあめ
3	やきそば

Q.お祭りで何を売る？

1	わたあめ ・ ・
2	りんごあめ ・ ・
3	やきそば ・ ・

ピラミッドチャート同様「判断し、選択する場面」においては、根拠が言えることが重要。項目だけを書くのではなく、なぜそれを選ぶのか、項目の下に箇条書きで書けるように欄を設ける。

黒板って、何のためにあるのでしょう。

私は、子供たちの思考の足跡を可視化して情報として残しておくことが黒板の重要な役目の一つだと考えます。いわゆるメタ教材と呼ばれるものです。

子供たちが話し合いや振り返りの際などに、チラチラとたくさん見ている黒板は、よい黒板です。自分たちが話し合ってきた足跡が可視化されているからです。

授業がイメージできる先生方、授業のビジョンが明確にある先生方は往々にして、「ここがまとめだよ！」「ここが大事だよ！」と黒板に大きく書いて目立たせていなくても、思考の流れが分かる板書をしています。子供たちも納得していて、みんなの知識が共有された結果として板書が残されているわけです。

思考の足跡を残していく際に最も注意すべきことは、**「事実を書く」**ことです。子供が言ってくれたことをそのまま書くということ。情報を改ざんしてはいけません。

とはいえ、黒板に書けることは物理的に限界があります。子供が真摯にたくさんの思いを話してくれたとしても、他のみんなの意見も書く以上は短かめに収めなくてはなりません。ここで、子供の意見をねじ曲げてしまうということが起きやすいのです。子供の発する、ときに抽象的な言葉をこちらで咀嚼《そしゃく》し、よかれと思って分かりやすく板書した結果、発言者本人からすると「あれ、そんなこと言ったかな」と、疑問が残る教師都合のまとめ方になっていた、などということが、まま起こっていたりするのです。

特に、一生懸命全員の意見を板書したにもかかわらず**「先生、ぼくの（言ったこと）がありません」**と言われたらアウトです。おそらく、子供の発言を端的に表現しすぎています。一見きれいでよくまとめられた板書でも、自分の言ったことが黒板のどこに位置付いているのか、発言者本人が見付けられないのでは、思考過程が見える板書とは言えないでしょう。

もっとも、「先生、ぼくのがありません」は、私自身がかつて子供から言われた言葉です。

その反省を踏まえ、心がけるようになった板書のコツが以下の三つです。

○背中で反応する

あまりにもシンプルですが、板書の大前提として焦らないことが肝心です。子供の発言を最後までしっかり聞いて、書く。**聞く→書く、聞く→書く、の繰り返し**であって、このサイクルを同時にやろうとするとどんどん崩れていきます。話が白熱してきても**リズムは崩さない、焦らない**。まずは、しっかりと聞いて書くことを心がけていくべきだと思います。

ただし、慣れてくると聞くことと書くことを限りなく同時に行うことができるようになってきます。理想は、一回ずつ発言者を見て反応を返してあげたいのですが、それをやっていると授業のリズムが途端に悪くなります。そこで私が心がけているのは、背中で反応するということです。その子が発言した直後に、板書をするのと同時にしっかりとその子の発言を価値付ける一言を返すのです。例えば「○○と考えていたんだ」「どうして、そこまで深く考えられたの」などという言葉で、黒板を見ていたとしても端的に反応を返していくようにします。

○板書の下書きをする

これも当たり前のことかもしれませんが、板書の下書きをしておくことで、焦らずに授業で子供たちの考えを構造的に整理していくことができるようになります。

子供たちが前時までに考えて、記述したものを座席表に落とし込みます。その座席表をもとに実際に子供が話しているところを想像して、板書に表してみるのです。ただし、ここで大切なのは、本時でこの下書きにこだわりすぎないことです。こだわりが出ることによって、子供たちの本当の考えを記録できなくなってしまう恐れがあります。**あくまで、**

下書きは下書きであると認識しておくことが重要です。

○構造のパターンをつくる

自分の中で板書の構造のパターンをいくつかつくることも非常に有効です（資料18－23）。例えば、複数の条件でアイディアを比較し絞り込んでいく場合にはピラミッドチャートを使う。自分たちが行ってきた活動の評価をする場合にはＰＭＩの表を用いる。二つの意見の特徴を合わせて、新たな納得解を生み出すのならばＶチャートを使う。

このように、思考ツールをもとにして**自分の得意技をもっておけるとよい**と思います。ただし、一つ注意点があります。それは子供が使った思考ツールと板書のフレームを合わせることです。子供がピラミッドチャートなら、黒板も同じようにピラミッドチャートで整理します。ここをずらしてしまうと、子供たちの混乱を生む原因となることが多いからです。

以上が、私が普段心がけている板書のちょっとしたコツですが、全てに気を付けることができなかったとしても、書き終わってから子供と一緒にチェックすることさえできれば問題はありません。板書した後に、「これでＯＫ？」と聞けばいいのです。ただ、これも

資料18　構造的な板書「ベン図」

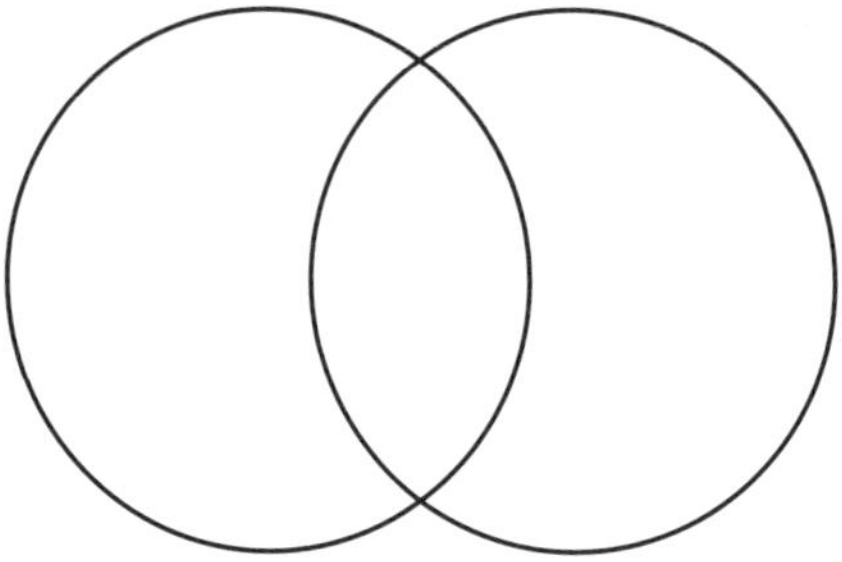

共通点と相違点を整理する

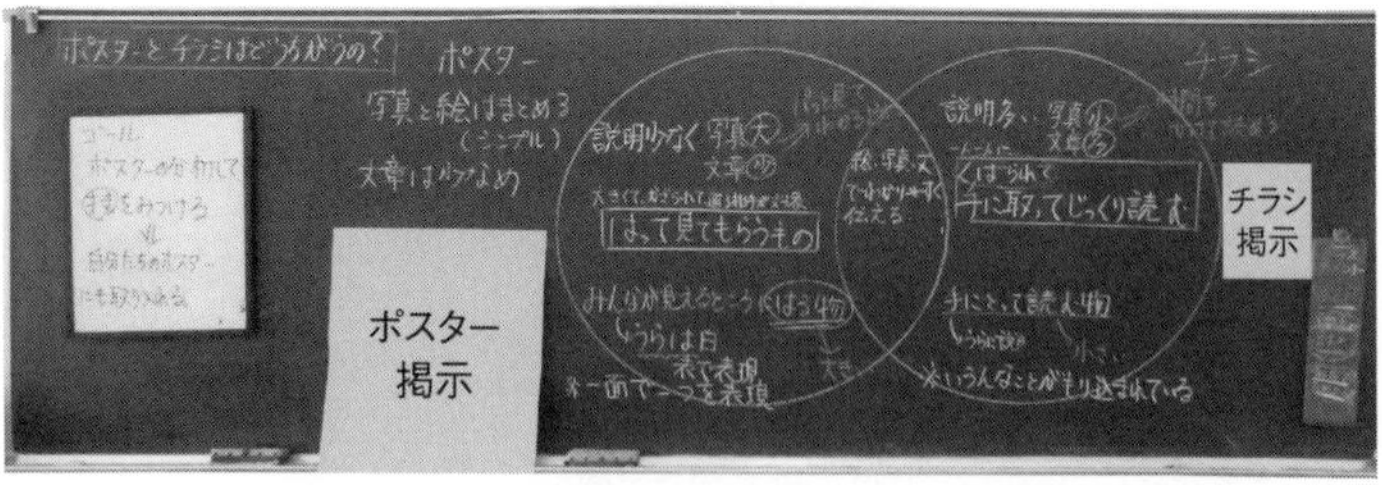

ポスターとチラシをベン図で比較し、説明の量や目にする場所などの相違点があることが分かった。また、両者ともに「絵や写真、文で分かりやすく伝えるもの」であるという共通点があることが中央の重なりに示された。

資料19　構造的な板書「ピラミッドチャート」

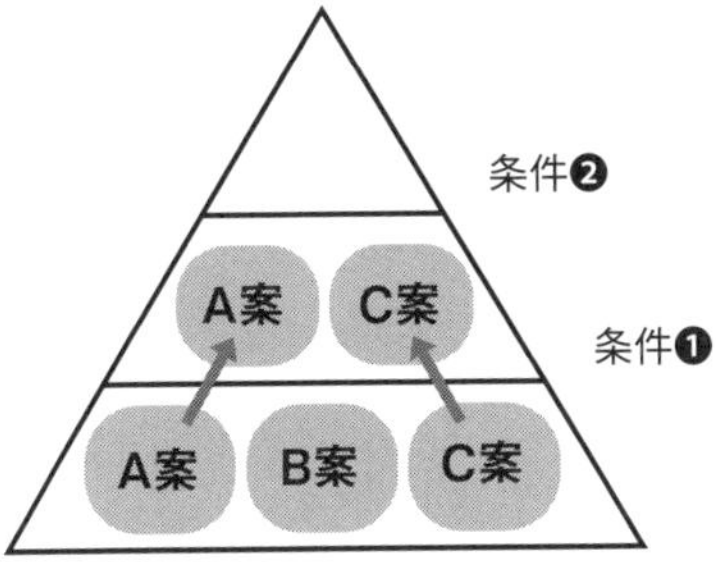

下段から上段へ、条件に応じてアイデアを練り上げる

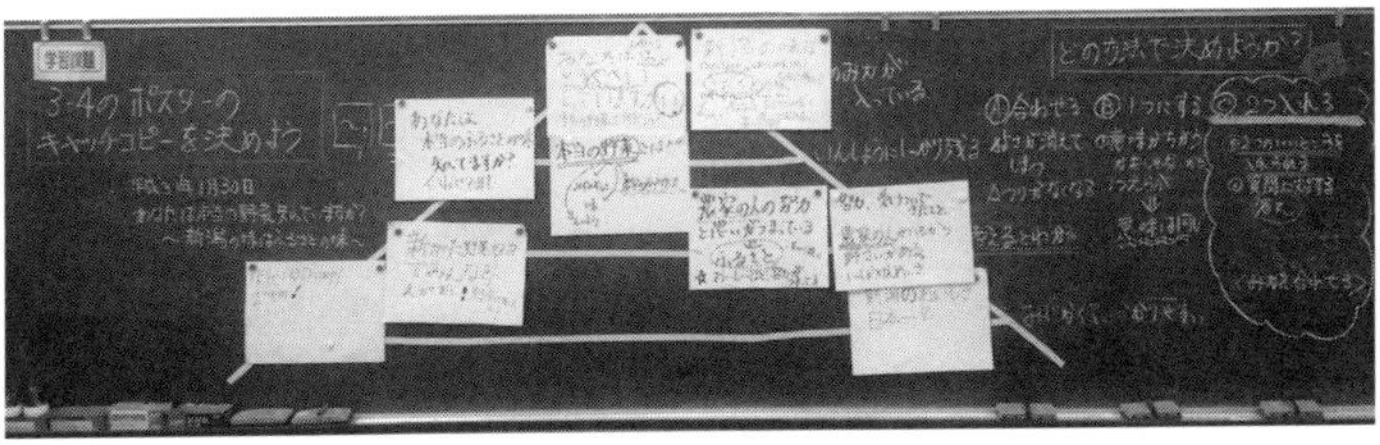

条件が「短くて分かりやすい」から「考えると分かる」「印象にしっかり残る」、最後に「魅力が入っている」と、多くの条件をクリアしたキャッチコピーが精査され、決定されていく。

資料20　構造的な板書「PMI」

Plus	Minus	Improvement
（プラスのこと）	（マイナスのこと）	（改善したいこと）
◎	△	◇だから
◎	△ →	〜〜したい。
◎	△ →	◇〜〜
◎	△	するとよい。

課題に対する改善点を対応させて書く

↓

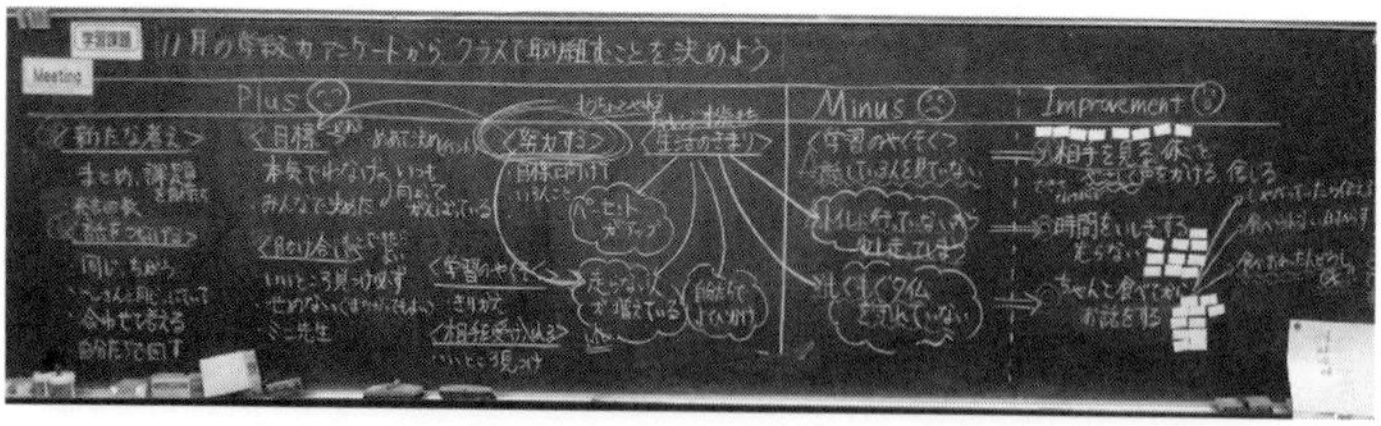

「マイナス」に属する課題から「相手を見る」や「時間を意識する」等の「学級で取り組むこと」が導き出されている。

資料21　構造的な板書「クラゲチャート」

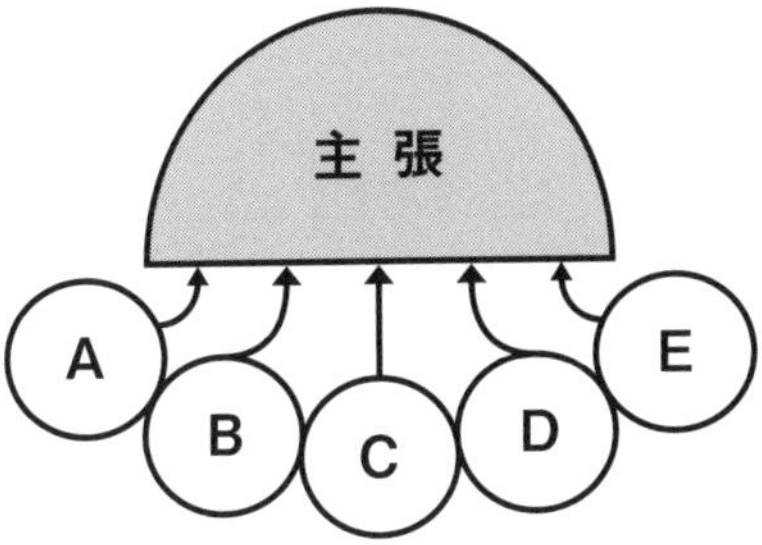

その主張を支える理由をクラゲの足にそれぞれ書き出す

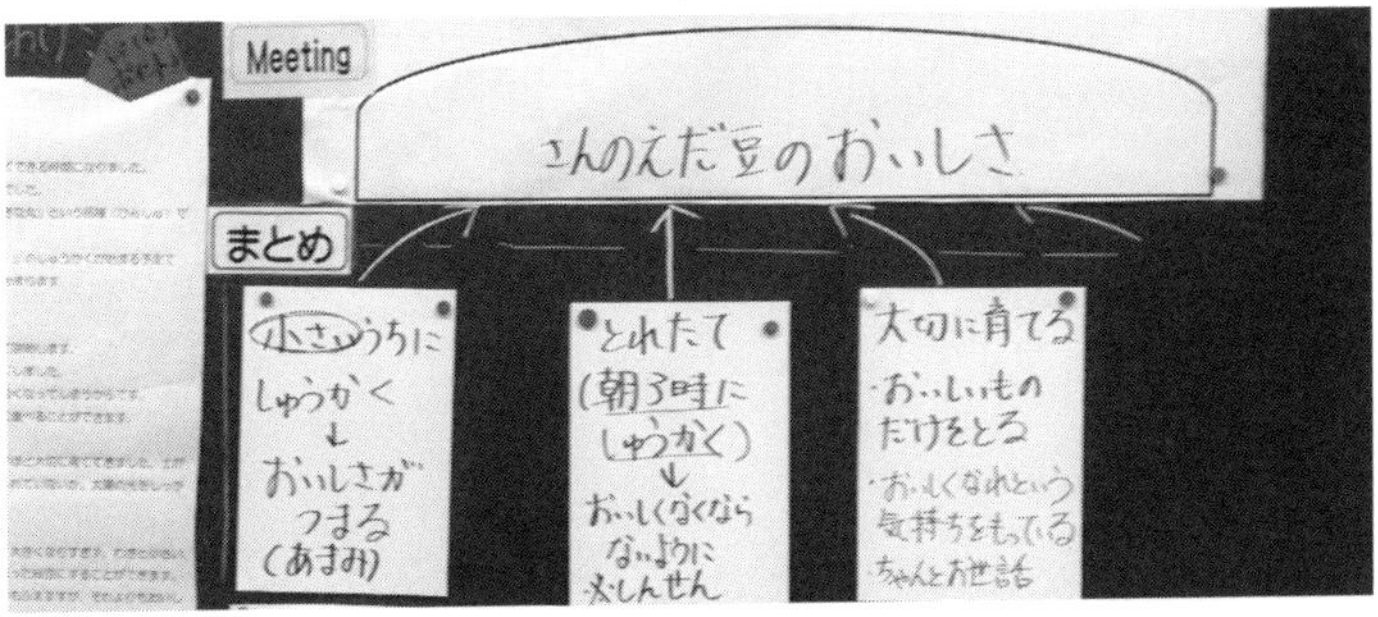

「えだ豆のおいしさ」を支える理由には「（実が）小さいうちに収穫すること」「新鮮なうちに収穫すること」「大切に育てること」などの要素があることが見えてきた。

資料22　構造的な板書「Vチャート」

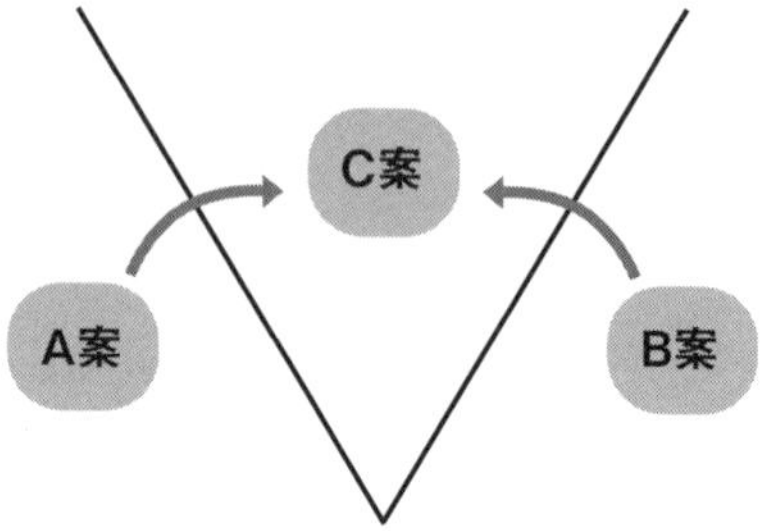

A案とB案のよさを合わせたC案をつくる

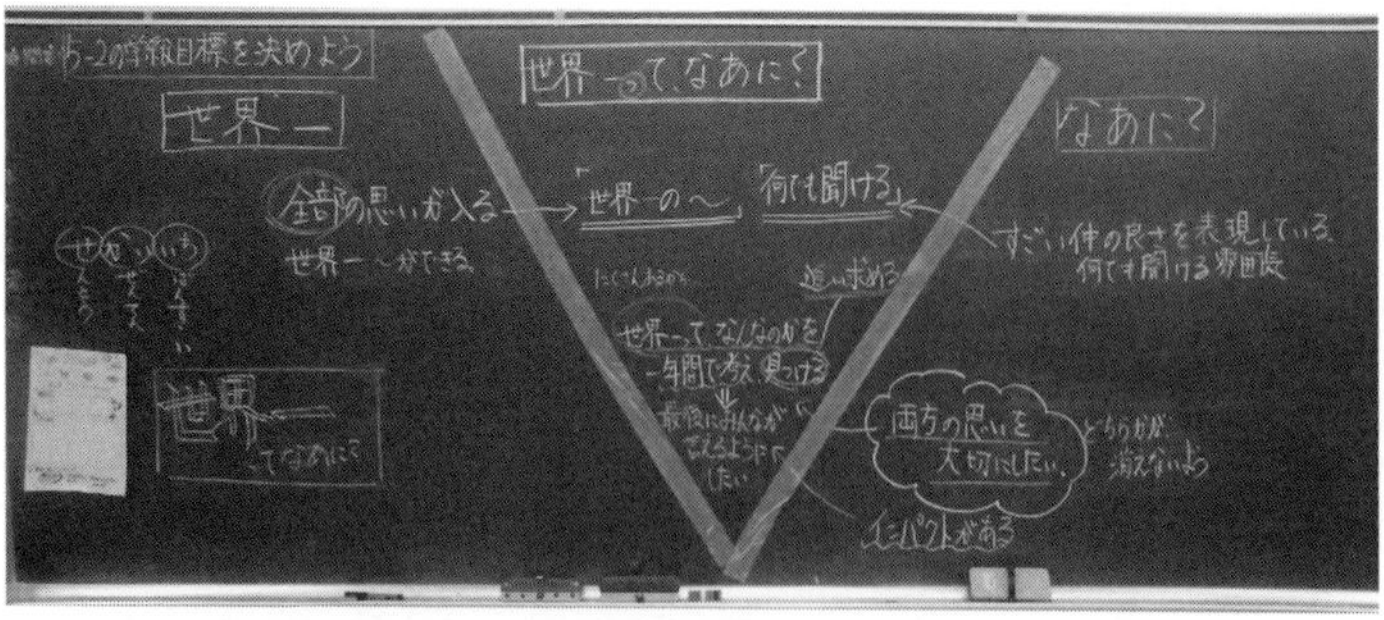

A案の根底にある思い、B案の根底にある思いを書き表し、それぞれのよさを組み合わせたC案を言語化する。ここでは、学級目標を決める際にA案とB案の二つのアイディアが生まれ、中央の案にまとまっていった。

資料23　構造的な板書「Xチャート」

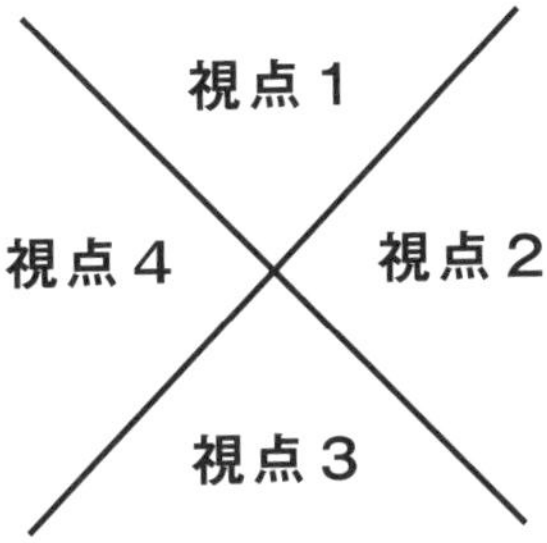

4つの領域にそれぞれ視点を設定し分類

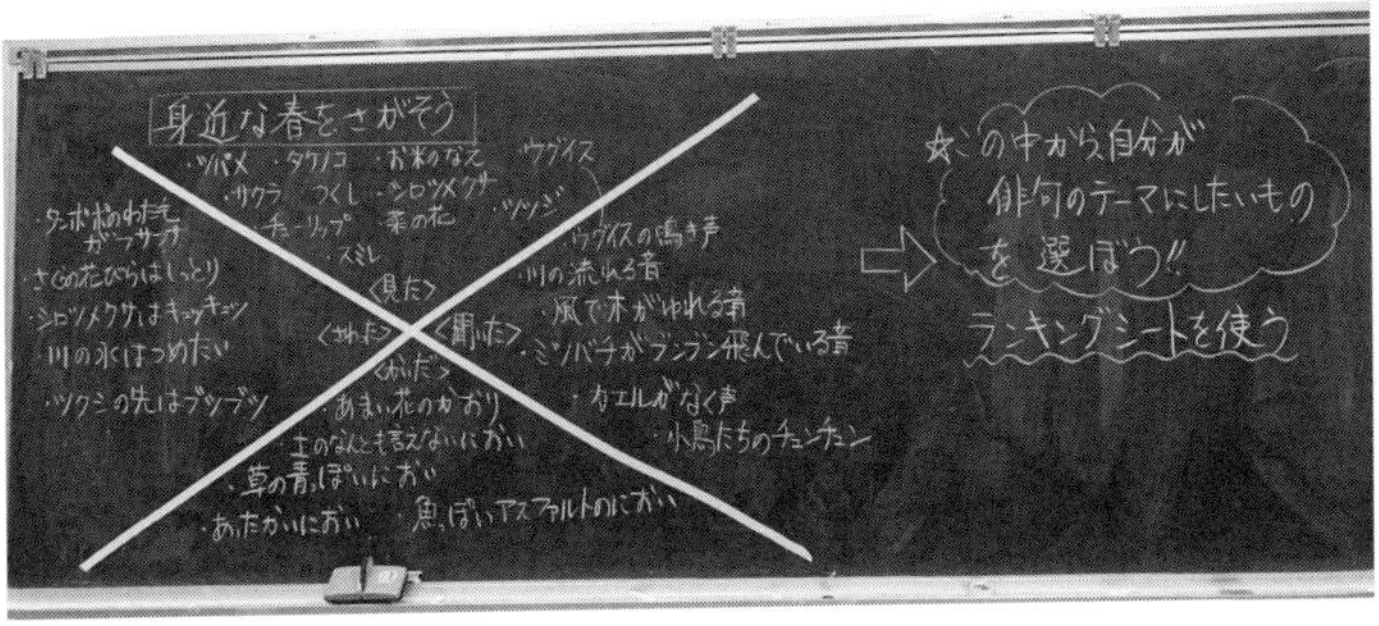

身近な春を探す際に「見た」「聞いた」「嗅いだ」「触った」の四つの視点を子供たちと設定し、共有する際にもその四つの視点で分類し整理する。

もちろん毎回聞くわけにいきませんから、最初にその文化をつくるのが一番でしょう。

私は、新学期の段階で、**「板書に書かれてあることが自分の述べたことと違っていたら言ってね」「先生も話題を拾い切れないときがあるから、そのときは言ってね」**ということを子供たちに繰り返し言って共有します。この文化さえ学級で定着していれば、子供たちは自然と普段の授業中からチェックしてくれるようになりますから、逐一確認をとらなくても、認識がずれていれば向こうから教えてくれます。

もっとも、それが成り立つのは根本的に互いの信頼関係が成立している学級だとは思います。「この先生は、自分たちの言ったことを一生懸命黒板に書いて残してくれる」という絶対的な信頼感を子供たちがもっていなければ、教師の表現をチェックして怒るのではなく冷静に教えてくれるような関係にはなれません。

授業におけるあらゆる要素が、普段の学級経営という強固な土台によって成り立っていることもまた、紛れもない真実なのです。

2　育成を目指す資質・能力を考え抜く

教師のポリシーとしての「考え抜く」ことの二つめは、「育成を目指す資質・能力」についてです。これまで本書で何度も確認してきたとおり、資質・能力というゴールに向かって授業をデザインしていくわけですから、当然そのゴールについて、考え抜くことが私のポリシーです。

前述した、無理のないストーリーかどうかを判断する軸の三本目「ゴールに向かっているか」は、直接ここに関わる話です。その授業や単元で育成を目指す資質・能力についての理解、準備が不十分であれば、今、自分たちの活動がゴールに向かっているのか、ゴールに対して自分たちがどれくらいの位置にいるのか、判断すること自体ままなりません。

では、「子供に何を身に付けてほしいのか」という言葉をもっと具体的に表現してみましょう。それは子供が、

○その教材に関わってどんなことを体験し、
○何を言って、
○何を感じて、
○どういう経験になって、

↓バラバラだった知識がどう概念化されていくのか

といった事柄に分解することができると思います。

「教材研究」という言葉がありますが、教材研究でやっていることというのは概して、この四つを丹念に想像し、あらゆる可能性を考え抜くことだと言えるでしょう。そしてこれらは「資質・能力の三つの柱」に集約されていきます。

具体的な教材研究の方法としてウェビングマップを用いて、単元レベル、小単元レベル、本時レベルで資質・能力を設定していく方法は第二章で述べてきたとおりです。

とりわけ、「何を感じ取れるか」ということが一番重要でしょう。教師側がよくよく子供の気持ちに寄り添い、想定・準備してあげなければならないポイントです。

学んだことの奥に、何があるのか。

例えば、これまで例に出してきた私の実践で言うなら、地域のPR動画を作る際に子供たちは、映像作りのための手順や具体の表現方法を学んでいきます。しかしそれらは、(もちろん重要なことではありますが)、最低限身に付けたい知識です。

映像作りという手段を通して、その奥にある、町で生きている人たちの姿(生き方や思い）を感じ取らせたい。「あ、自分たちの町はこんなに素敵なんだ」「みんな町を大切に思っているんだね」と子供たちが最後には言い合えるような場面を思い描いて授業をデザインしていくべきです。映像を作って終わり、ではないわけです。これこそが、「資質・能力の三つの柱」でいうところの「学びに向かう力、人間性等」に当たるものだと私は考えています。

「**だから**私はこの町で生きていきたい」「**だから**この町のためにできることを考え続けていきたい」と思える、次の行動への原動力になる授業こそが、考え抜かれた授業と言えます。

では、子供の立場に立って、彼らが何を感じ取るだろうか、とイメージしていくためには具体的に何をすればいいのでしょうか。大きく分けて次の二つに分けられるでしょう。

(1) どんな対象と関わるべきなのか

第二章で、ウェビングマップを用いてどんな活動を、何を対象にして展開することができるのか、可能な限り出し切ることの重要性を述べました。ここでは、そもそもどんなひと・もの・ことと関わるべきか分析を行う方法について考えていきたいと思います。

「教材」とは、ひと・もの・ことの全てを表します。総合的な学習の時間に限らず、他の教科等においても、教科書だけではなく、子供にとって身近な学びの場を提供するために様々な素材・出合い方が工夫されていると思います。

総合的な学習の時間では、まずは徹底して「ひと」への取材を行いましょう。「もの」「こと」の裏には、それらを生み出している思いをもった「ひと」が必ず存在しています。関わっていただく方がどのような活動をしていて、どんな信念をもって仕事を続けているのかについて教師自身が取材を行います。

さらに、子供たちとどのような関わりをもつことができるのか、第三章でも述べたとおり**可能性と限界性**を明らかにしておきます。また、実際に子供たちと関わる際には、どのような目的で関わっていただき、どのような活動が想定されるかについても事前に先方と綿密な打ち合わせをしておきます。

ご協力をお願いする上で、私が最も重要視しているのは、「子供のためだったら」と思ってくれる人であることです。

また、できることならば、**「内容を学ぶプロ」「発信を支えるプロ」**の二人と関わることができると単元が重厚になります。詳しく言うと、「情報をインプットする際に関わることができる本物のプロ」と「自分たちが成果物として探究の結果を発信する際に関わることができるプロ」のことです。

ポスターを例として挙げるのならば【単元2参照】、内容を学ぶプロは「商店街で働く方々」であり、発信を支えるプロは「グラフィックデザイナー」となります。

もの・ことについても同様に「もの」を作ったり、「こと」を行ったりすることが本当に可能なのか、子供にとってどんな意味があるのか、何を学び取ることができるのか、を実際に教師自身が事前に体験してみることが重要です。

本物との関わりから得ることができる子供たちの感動は計り知れません。また、目標の達成に向けて努力を続ける大人と関わることは、これまでの自分を見つめ直し、自分の生き方を考えるきっかけとなっていきます。

(2) 最低三パターンの準備

これまでの経験則として、一つの授業について**最低三パターンは「こうなったときはこうする」という流れ**を自分の中にもっておけば困ることはあまりありません。

子供たちは多くの出会いや活動の中で、様々なことを感じ、問題意識も変化します。ときには教師にとって思いがけないタイミングでさらなる課題が生まれたり、どうも納得し切れていない子供が出てきたりもします。

その授業で育成を目指す資質・能力に向かう道筋（四五分間のストーリー）について、複数の手持ちがあれば、想定外の子供の関心や反応に対して「いやいや、でも先生はこっちが気になるんだけど」と無理に指導案に書いてあるコースに子供を引き戻すようなことはしなくて済みます。

「お、そうきたか。じゃあ②番のストーリーでいこう」と瞬時に判断をしてリアクションしていくような感じです。具体的に三パターン想定するときには、やはり座席表で子供の思いをつかむことが手がかりとなります。

地域のＰＲ動画で一つのチームの動画の構成について話し合う場面を例に考えてみたいと思います（写真23）。授業を行うに当たり、次のような想定を試みました。

①ムービーの構成についてキャプチャーした画像をもとに個々の場面が必要かどうか話し合う。

⑴：特定の場面について話がいくようならば、その場面が必要かどうかについて話し合

う。
A：小グループで特定の場面を入れるメリット・デメリットについて話し合う。
B：キャプチャーを使って全体のバランスを操作しながら、必要か否か話し合う。
(2)：特にひっかかるところがなければ、キャプチャーを並べ替えながら場面の順番を考える。
C：流れに問題がなければ、ナレーションの内容について話し合う。
D：特定の場面でどちらを先にすべきかを話し合う。
②全体での共有
③振り返り

この授業では、A、B、C、Dと四パターンの準備をしておきました（図16）。もちろん、教師には、こちらに進んでほしいという学びの方向性をもちろんもっている必要があります。その上で、子供たちの思考が進む方向をできる限り予測して、準備しておくことで予測できない事態を回避できる可能性を高めることができます。

この授業において私は大方、最初のムービーの構成の段階で、ある特定の場面を入れるか入れないかという議論に焦点化すると予想していました。

図16　授業パターンの準備

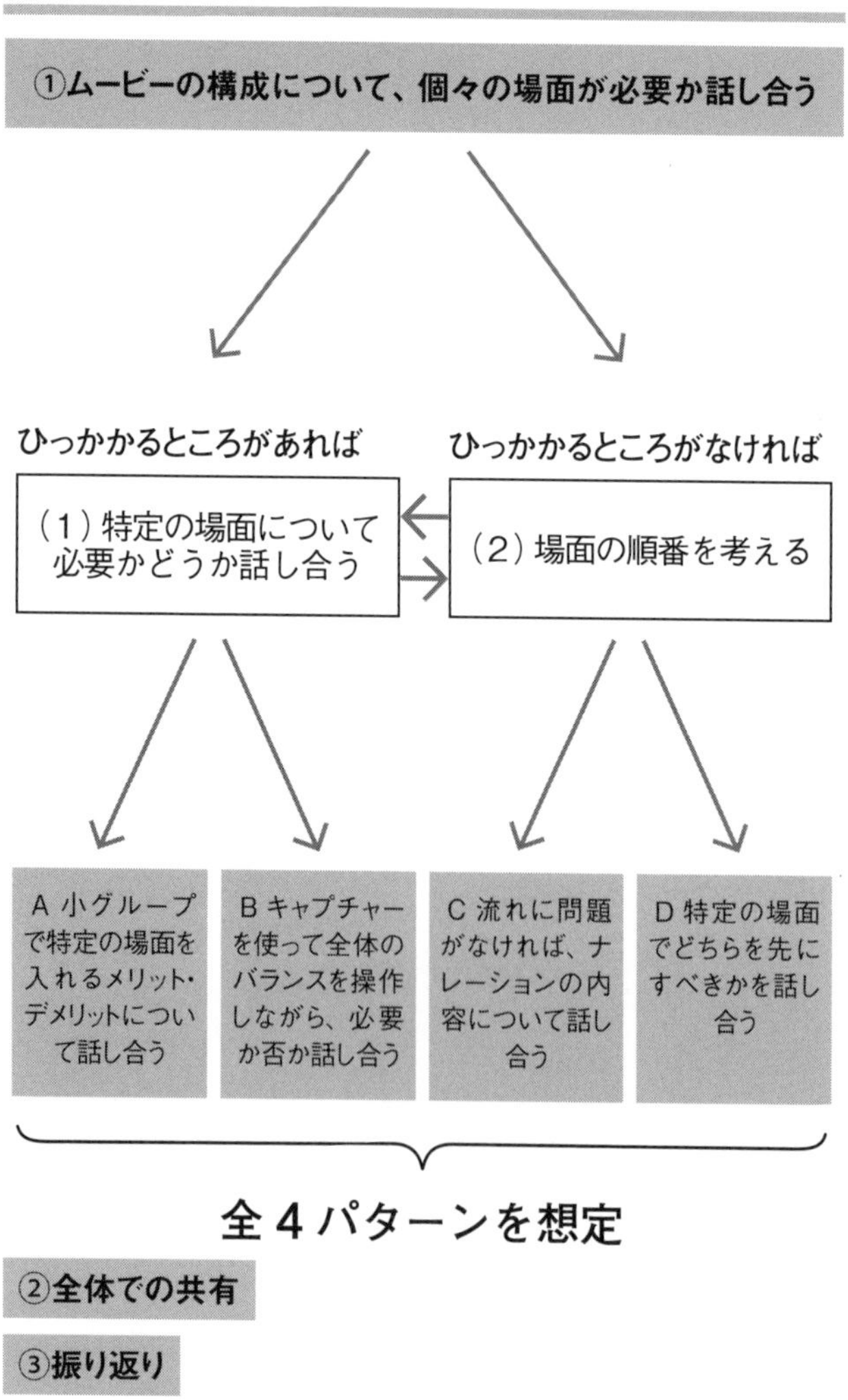

①ムービーの構成について、個々の場面が必要か話し合う
ひっかかるところがあれば
ひっかかるところがなければ
（1）特定の場面について必要かどうか話し合う
（2）場面の順番を考える
A 小グループで特定の場面を入れるメリット・デメリットについて話し合う
B キャプチャーを使って全体のバランスを操作しながら、必要か否か話し合う
C 流れに問題がなければ、ナレーションの内容について話し合う
D 特定の場面でどちらを先にすべきかを話し合う
全４パターンを想定
②全体での共有
③振り返り

図17　実際の授業の流れ

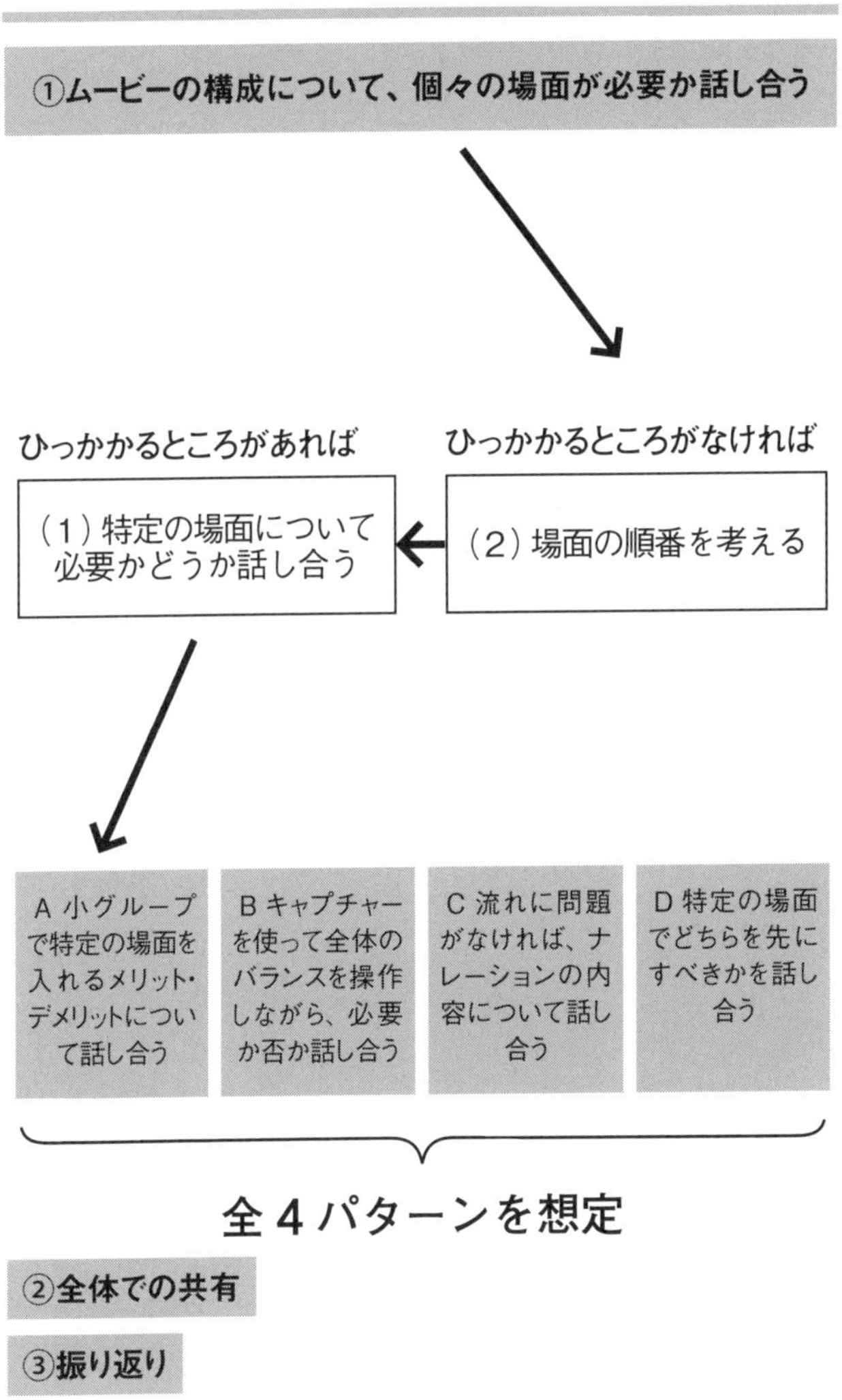
①ムービーの構成について、個々の場面が必要か話し合う
ひっかかるところがあれば
ひっかかるところがなければ
（1）特定の場面について必要かどうか話し合う
（2）場面の順番を考える
A 小グループで特定の場面を入れるメリット・デメリットについて話し合う
B キャプチャーを使って全体のバランスを操作しながら、必要か否か話し合う
C 流れに問題がなければ、ナレーションの内容について話し合う
D 特定の場面でどちらを先にすべきかを話し合う
全４パターンを想定
②全体での共有
③振り返り

ところが、予想していたよりもすんなりと場面のラインナップが決まりました。子供たちの納得のもと議論が進んだように感じられたため、私も当初の想定に固執せず、「じゃあ、次は場面の順番を決めていこうか」という授業ストーリーにシフトチェンジをしました（図17）。

全国から来た大勢の先生方に見守られる中、場面の順序について議論が進みました。しかし、一人の子供が突然思い出したかのように、ポツリと言うのです。

「ねぇ、先生。俺やっぱりあのシーンを入れるかどうか、気になるんだけど」

一年に一度の研究発表会。私も一瞬慌てましたが、この一言を受けて、やっぱり当初予定していたある場面の取捨選択について話し合うという授業のストーリーに戻ることにしたのです。

もともと想定していたストーリーですから、立ち戻ったとしても、それが資質・能力というゴールに向かう道筋であることは見えています。問題はありません。

けれど、これには授業後に賛否両論が巻き起こりました。

「せっかく場面の順序の話にまで進んでいたのに、あんな些細《ささい》な一人の発言を取り上げ

写真23　地域のPRムービーの構成を話し合う

て、また同じ話に立ち戻ることに価値があるのか」と、聞かれました。

私の行う授業は恐らく、準備にも実際の進行にも時間がかかるのでしょうし、効率的であるとは言い難いと思います。

ですが、誰一人として切り捨てず、学級全員の納得と自覚を前提とするというスタンスの私が、研究発表会だからといって、その子の一言を見捨ててしまったら、これまで築いてきた信頼関係は一瞬にして失われてしまいます。

教師のポリシーは、授業中のその一瞬の判断に宿ります。

そういうスタイルの授業だからこそうまくいくこともあるし、ばたつくこともありますが、やはり、現実生活がそうであるように、「今の四五分間」だけできれいな答えが出ることばかりではないのです。

だからこそ、最後に子供たちのことを考えるなら、多少時間がかかっても、気になって立ち止まっている子に寄り添って、みんなの納得のもと、進んでいきたいと願うのです。

明日、授業で同様の場面に出くわしたとしても、やはり私はまた同じように、その発言を取り上げるのだと思います。

やっぱり、切り捨てられない。

これが、私の教師としての「ポリシー」です。

【注釈】

（注1） 田村学教授は著書『深い学び』（東洋館出版社、二〇一八年）の中で、質の高い学びを実現するための「思考ツール」の使用において「思考ツールを用意する際には、『子供がもっている情報（piece）』『子供が行う処理方法（process）』『子供が生成する成果物（product）』を意識しなければならない（一九九ページ）」と、教師の役割について述べている。やはり、子供の思考が活性化していく過程においては、それらの情報の処理にまつわる要素に着目することが重要だと言えそうである。

以上を前提としつつ、今回の「話し合い」ということに当たって、私がその特徴と考えたのは、個々の思考のみならず、集団全体として思考の質が高まり、活性化されるということであり、それを叶えるには「何のために（目的）」という認識が互いに共有されているのが望ましいと考え、「目的」「情報」「処理過程」「成果」の四つの要素に整理した。

加えて、「話し合い」においては、「子供自身が」それらの四要素を意識していることも重要であると考えている。

（注2）奈須正裕教授は著書『「資質・能力」と学びのメカニズム』（東洋館出版社、二〇一七年）の中で、教科等における対象適合的な「見方・考え方」を学び取れるように配慮・工夫するだけでは、実社会・実生活の問題場面や状況において、「洗練された独創的な問題解決」を果たしていけるまでにはならないことを述べた上で（一三九ページ）、以下の文を「答申」三二ページから引用し、紹介している。「各教科等で育まれた力を、当該教科等における文脈以外の、実社会の様々な場面で活用できる汎用的な能力に更に育てたり、教科等横断的に育む資質・能力の育成につなげたりしていくためには、学んだことを、教科等の枠を超えて活用していく場面が必要」。

これらを踏まえ、私は、教科等の枠を越えて様々な場面で「本物の」「洗練された」質の高い問題解決を授業の中で経験させることを重視している。その内実については授業者として、より一層の研究が必要である。

（注3）例えば、思考の連続性のタイプとしての「収束的思考」と「拡散的思考」については田村学教授の『授業を磨く』（東洋館出版社、二〇一五年）一四九ページなどが参考文献として挙げられる。

【引用・参考文献】

○文部科学省関連資料等

・中央教育審議会「幼稚園、小学校、中学校、高等学校及び特別支援学校の学習指導要領等の改善及び必要な方策等について（答申）」二〇一六年一二月二一日
・中央教育審議会「幼稚園、小学校、中学校、高等学校及び特別支援学校の学習指導要領等の改善及び必要な方策等について（答申）補足資料」二〇一六年一二月二一日
・中央教育審議会「幼稚園、小学校、中学校、高等学校及び特別支援学校の学習指導要領等の改善及び必要な方策等について（答申）補足資料」二〇一六年、一二月二一日
・中央教育審議会　教育課程部会　児童生徒の学習評価に関するワーキンググループ（第一二回）配付資料「資料1　児童生徒の学習評価の在り方について（これまでの議論の整理（案））」二〇一八年一二月一七日
・文部科学省『小学校学習指導要領（平成二九年告示）』東洋館出版社、二〇一八年二月
・文部科学省『小学校学習指導要領（平成二九年告示）解説　総則編』東洋館出版社、二〇一八年二月

・文部科学省『小学校学習指導要領（平成二九年告示）解説　生活編』東洋館出版社、二〇一八年二月
・文部科学省『小学校学習指導要領（平成二九年告示）解説　総合的な学習の時間編』東洋館出版社、二〇一八年二月
・中央教育審議会　教育課程部会（第四八回）配布資料「資料3　教科と領域間の分担と連携及び到達目標の明確化に関する関連資料　ＯＥＣＤにおける『キーコンピテンシー』について」二〇〇六年九月二九日
・文部科学省教育課程課／幼児教育課編『初等教育資料』二〇一七年五月号、特集1「新しい学習指導要領①」東洋館出版社
・文部科学省教育課程課／幼児教育課編『初等教育資料』二〇一七年九月号、特集1「育成を目指す資質・能力とカリキュラム・マネジメント」東洋館出版社
・文部科学省教育課程課／幼児教育課編『初等教育資料』二〇一七年一一月号、特集1「主体的・対話的で深い学びの実現に向けた授業改善①」東洋館出版社
・文部科学省教育課程課／幼児教育課編『初等教育資料』二〇一七年一二月号、特集1「主体的・対話的で深い学びの実現に向けた授業改善②」東洋館出版社

・文部科学省教育課程課／幼児教育課編『初等教育資料』二〇一八年六月号、特集1「資質・能力の育成に向けた授業づくり①」東洋館出版社
・文部科学省教育課程課／幼児教育課編『初等教育資料』二〇一八年七月号、特集1「資質・能力の育成に向けた授業づくり②」東洋館出版社
・文部科学省教育課程課／幼児教育課編『初等教育資料』二〇一八年八月号、特集1「新学習指導要領と教育の情報化」東洋館出版社
・文部科学省教育課程課／幼児教育課編『初等教育資料』東洋館出版社、2018年7月号
・文部科学省教育課程課／幼児教育課編『初等教育資料』東洋館出版社、2018年8月号

○その他

・桂聖、石塚謙二、廣瀬由美子、小貫悟、日本授業UD学会編著『授業のユニバーサルデザイン―教科教育に特別支援教育の視点を取り入れる―Vol.11』東洋館出版社、二〇一八年
・関西大学初等部『関大初等部式　思考力育成法ガイドブック』さくら社、二〇一五年

・澤井陽介『授業の見方―「主体的・対話的で深い学び」の授業改善―』東洋館出版社、二〇一七年
・大学テキスト開発プロジェクト編著『総合的な学習の時間の指導法―教育課程コアカリキュラム対応大学用テキスト理論と実践の融合―』日本文教出版、二〇一八年
・アンジェラ・ダックワース著、神崎朗子訳『やり抜く力―人生のあらゆる成功を決める「究極の能力」を身につける―』ダイヤモンド社、二〇一六年
・田村学、黒上晴夫『考えるってこういうことか！「思考ツール」の授業（教育技術MOOK）』小学館、二〇一三年
・田村学『授業を磨く』東洋館出版社、二〇一五年
・田村学『カリキュラム・マネジメント入門―「深い学び」の授業デザイン。学びをつなぐ七つのミッション。―』東洋館出版社、二〇一七年
・田村学編著、横浜市黒船の会著『生活・総合「深い学び」のカリキュラム・デザイン』東洋館出版社、二〇一七年
・田村学『深い学び』東洋館出版社、二〇一八年
・キャロル・S・ドゥエック著、今西康子訳『マインドセット―「やればできる！」の研

究―』草思社、二〇一六年
・奈須正裕『子どもと創る授業―学びを見とる目、深める技―』ぎょうせい、二〇一三年
・奈須正裕、久野弘幸、齊藤一弥編著『知識基盤社会を生き抜く子どもを育てる―コンピテンシー・ベイスの授業づくり』ぎょうせい、二〇一四年
・奈須正裕『「資質・能力」と学びのメカニズム』東洋館出版社、二〇一七年
・奈須正裕編著『教科の本質を見据えたコンピテンシー・ベイスの授業づくりガイドブック―資質・能力を育成する一五の実践プラン―』明治図書出版、二〇一七年
・横浜市立戸部小学校『平成三〇年度研究紀要―総合的な学習の時間・生活科　第四五集』二〇一八年
・『総合教育技術』二〇一七年九月号、特集「新学習指導要領が求める『主体的・対話的で深い学び』授業の具体像」小学館
・『総合教育技術』二〇一八年三月号、特集「新学習指導要領移行期一年目への準備」小学館

Message

おもしろい！　と感じる授業には、一定の緊張感と圧倒的な子供の姿があります。どの子供も自身の力を十二分に発揮している姿。互いの力を合わせている姿。本気で友達と議論し、新たな発見をしたり、感動したり、笑い合ったりする姿。私にはこれまでに授業が上記のような子供の姿で溢れ、痺れるような感覚を得ることができた瞬間が数回あります。「あの瞬間をまた味わいたい」「子供と共におもしろい本物の授業をつくりたい」。これが私の教師としての一番の願いであり、原動力となっています。当たり前ですが、おもしろいことをするには、少しばかりの準備が必要です。その準備こそが「授業のビジョン」をもつことに他なりません。子供を中心に据え、「この問いは本当に考えたいことかな」「あの子ならどう考えるかな?」「この授業を終えてどんな思いや願いをもつのかな」と徹底的に考え抜くこと。多少時間がかかるかもしれません。しかし、子供を中心に据えた本物の学びの積み重ねこそが資質・能力を身に付けていくために必要なことだと信じています。だからこそ、いつまでも子供のために授業で勝負できる教師でありたいと思うのです。

2019年5月　小川雅裕

小川雅裕

MASAHIRO OGAWA

新潟市立小針小学校教諭

上越教育大学大学院修了後、横浜市立六浦南小学校教諭、横浜市立戸部小学校教諭を経て2018年4月より現職。地域参画をキーワードに、総合的な学習の時間の研究を進める。NHK Eテレ『ドスルコスル』番組企画協力委員、文部科学省「小学校におけるカリキュラム・マネジメントの在り方に関する検討会議」協力者、文部科学省「小学校段階における論理的思考力や創造性、問題解決能力等の育成とプログラミング教育に関する有識者会議」委員、文部科学省委託事業「次世代の教育情報化推進事業（小学校プログラミング教育推進のための指導事例の創出等に関する調査研究）」協力者などを務める。分担執筆に『平成29年改訂 小学校教育課程実践講座　総合的な学習の時間』（ぎょうせい）、『六つの要素で読み解く！ 小学校アクティブ・ラーニングの授業のすべて』『生活・総合「深い学び」のカリキュラム・デザイン』（ともに東洋館出版社）など。本書が初めての単著となる。

これまで総合的な学習の時間を共につくりあげてきた子供たち、横浜市立戸部小学校で共に研究を行ってきた鈴木紀知さん、どんなときも常に励まし、あたたかく支え続けてくださった東洋館出版社の河合麻衣さん、本書に関わった全ての関係者のみなさまに心より感謝申し上げます。

Special thanks 横浜市立戸部小学校
新潟市立小針小学校

Designer 水戸部功
Editor 河合麻衣（東洋館出版社）
Operator 彦部理恵子（岩岡印刷）

授業のビジョン

2019（令和元）年6月7日 初版第1刷発行

Author 小川雅裕
Publisher 錦織圭之介
Publication 株式会社東洋館出版社
〒113-0021
東京都文京区本駒込5丁目16番7号
営業部 TEL:03-3823-9206
FAX:03-3823-9208
編集部 TEL:03-3823-9207
FAX:03-3823-9209
振 替 00180-7-96823
U R L http://www.toyokan.co.jp
DTP/Printing 岩岡印刷株式会社

ISBN978-4-491-03699-1
Printed in Japan